产学研创协同育人

——新技术应用人才培养的“温州经验”

谢志远　著

科学出版社
北　京

内 容 简 介

本书以温州职业技术学院为例探讨高校产学研创协同育人的模式、途径以及对于人才培养的作用等。通过对温州职业技术学院与其他相关单位（科研院所、地方政府、企业组织、金融机构）及有影响力学术组织的交流、结盟或联合的研究，探索产学研创协同育人视角下的新技术应用人才培养模式。

本书共五章，分别为产学研创结合与新技术应用人才培养的意义与成效；产学研创理论的发展沿革与新技术应用相关理论；产学研创协同机制下高职院校培养新技术应用人才的实践；产学研创运行机制；产学研创协同，培养新技术应用人才的建议——以温州职业技术学院为例。

本书可供高职高专及本科院校开展产学研创教学活动使用。

图书在版编目（CIP）数据

产学研创协同育人：新技术应用人才培养的“温州经验”/谢志远著．—北京：科学出版社，2019.3

ISBN 978-7-03-060286-2

Ⅰ．①产…　Ⅱ．①谢…　Ⅲ．①新技术应用-人才培养-经验-温州
Ⅳ．①C964.2

中国版本图书馆 CIP 数据核字（2018）第 292596 号

责任编辑：李　海　袁星星 / 责任校对：马英菊
责任印制：吕春珉 / 封面设计：东方人华平面设计部

科 学 出 版 社 出版
北京东黄城根北街 16 号
邮政编码：100717
http://www.sciencep.com

北京中科印刷有限公司 印刷

科学出版社发行　各地新华书店经销

*

2019 年 3 月第　一　版　开本：B5（720×1000）
2020 年 4 月第二次印刷　印张：7 1/4
字数：144 000

定价：58.00 元

（如有印装质量问题，我社负责调换〈中科〉）
销售部电话 010-62136230　编辑部电话 010-62135397-2047

前　言

“产学研创”是生产、学习、科学研究、创新四者和谐统一的简称，是一个系统工程。高职院校进行产学研创的主旨就是充分利用学校与企业、科研单位等机构及其在人才培养方面的优势，用创新手法将以课堂传授知识为主的学校教育与直接获取实际经验、实践能力为主的生产、科研实践有机结合的教育形式。

本书以作者工作单位——温州职业技术学院为研究对象，总结和论述了温州职业技术学院在产学研创发展道路上所做的相应工作，深度剖析了在新产业、新业态、新技术蓬勃发展的环境下温州职业技术学院及我国其他职业院校开展产学研创结合的优势和弊端，旨在为其他学校的此项建设提供参考，促进我国职业院校产学研创结合的整体水平，推动我国职业教育整体水平的提高。

书中既有对产学研创的相应概述，也有对四者内涵的深度剖析。作者通过解读相应文件、政策，结合自己的工作经验，与读者一起探讨怎样开展产学研创结合工作，从社会、学校以及教师个人等多视角进行分析和总结，希望能给予正在开展此项研究的人员相应的启示。书中列有作者的演讲稿、报告、工作总结等，皆为作者结合自己工作整理和保留下来的材料，语言生动贴切，内容真实有据，这也是本书的特色之一。

在撰写本书的过程中，作者也借鉴了很多国内外学者、专家的相关研究理论，在此一并表示感谢。

由于作者水平有限，加之写作时间仓促，书中难免存在疏漏，敬请广大读者批评指正。

作　者

2018 年 9 月

目　　录

第一章 产学研创结合与新技术应用人才培养的意义与成效

第一节 培养新技术应用人才的时代意义

一、培养新技术应用人才，是区域转型和产业升级的迫切需求

进入21世纪以后，我国经济和社会呈现出新的发展态势与特征，以互联网产业化、工业智能化以及工业一体化为中心，信息技术、生物技术、新能源技术、无人控制技术广泛渗透，大部分领域发生了以智能化、生态化、服务化为特征的爆发性产业技术革命。人类由此进入了以数字化、平台化、智能化技术的应用为标志的工业4.0时代，即从大规模流水线生产向定制化规模生产转变，从低成本、低收益的生产型制造向高附加值的服务型制造转变，实现了技术创新和商业模式创新的高度融合。

技术创新是推动产业革命的核心动力，对产业结构、生产方式、生活方式具有颠覆性的影响，特别是随着人工智能在工业领域的广泛应用，传统制造业的部分工作岗位将大幅减少甚至趋于消失。但是随着新技术的发展，在科学、技术、工程等领域又产生了新的工作岗位，工业机器人需要具有专业技能的人员来操作；智能制造业增加了对具有电子工程、信息技术、工业设计等专业背景的复合型人才的需求；相关领域的学科交叉、跨领域协作和大数据分析特性，对管理人员的综合素质提出了更高的要求；高端服务业以及市场个性化需求则要求从业人员能够从事与智能制造业相关的配套工作。

浙江省以智能制造这一制造业未来发展的趋势为主攻方向，全面实施“机器换人”战略，以提升制造企业水平、强化产品质量标准、提高劳动力技能为目标。2016年，浙江省完成技术改造投资7126亿元，占工业投资的比重达到78.3%，技术改造投资成为工业投资的主导力量。新产业、新技术夯实了“浙江智造”的基础，促进了新兴产业的发展，装备制造业超越传统轻纺织产业成为带动浙江制造业发展的龙头产业。面对前所未有的变革，高职院校要以提升改造传统产业为机遇，进一步深化产教融合，优化人才培养模式，强化技术应用对于高职教育的推动作用，主动作为、积极应对，培养高端技术技能人才，促进我国高等职业教育的发展，以适应新一轮产业革命和科技革命的要求。

二、培养新技术应用人才，是实现高职院校从“产业跟随”到“产业领跑”的坚实基础

面对当前市场极具技术性和个性化的人才需求，高等教育对于不同人才的分类与功能定位也需要更加准确，能够使高端的知识人才和高水平的技术应用人才在高校职能战略调整与综合改革中的角色凸显出来，以发挥各自的优势，从而符合市场的需求，胜任相应的工作。

高职院校新技术应用在本质上是以新技术为核心的专业化、高层次的高等职业教育，从高校职能分工来看，它承担着对高智能和高水平技术人才的培养工作。人才结构理论将社会人才分成四种类型：①学术型人才，主要从事发现、研究事物发展的客观规律和基础原理的工作；②工程型人才，包括设计型、规划型、决策型人才，主要从事与直接产生社会利益相关的设计、规划及决策工作；③技术型人才，包括工艺型、执行型、中间型人才，主要在生产一线或者工作现场从事依赖特定、专门技术或者工艺的相关工作；④技能型人才，包括记忆型和操作型人才，主要依靠操作机器、机械或者掌握某种直接用于生产的技能完成相关工作。面对市场不断涌现的新智能、新科技与新技术，高职院校需要将具有新技术应用能力的人才资源挖掘出来、培养出来，从而满足国家对不同高素质人才的个性化需求。按照国家高端人才的结构分类，新技术应用人才，不是对于从事新技术的研发与创造等高端知识人才的定位，而是对从事原有的传统技术的改造与创新的高端技术人才的定位，这也正是高等职业教育区别于其他普通高等院校教育的突出特征。高职院校要想在以产业变革为大背景的高等教育结构性改革中异军突起，就必须在“新”字上下功夫，依靠“新技术”培养“新人”。

《国务院办公厅关于深化产教融合的若干意见》的出台预示着高等职业教育必须聚集行业、企业和社会机构的广泛资源，完善校企协同育人机制，充分发挥企业对于高职教育教学工作的参与和指导作用，跳出学校看企业，跳出知识看能力，跳出技术看发展，通过高职院校“新技术”人才的转型和专业建设，探索有步骤、有层次、有目标的“产教融合”分阶段发展路径。同样，高等职业教育改革也需要找准人才定位，合理规划新技术人才的发展目标，通过深化产教融合、推进校企深度合作的政策机制和以“新技术”应用为导向实施的人才培养计划，提升高职院校综合改革的成效。在此基础上，高等职业教育根植区域产业布局优势，以培养关键设备和技术的专业研发及应用型人才为核心，打造集专业教学、实践实训、素质培养、技能提升、技术研发、市场洞悉和社会服务于一体的产教深度融合高地，实现从“产业跟随”到“产业互动”直至“产业领跑”，将高等职业院校和企业的技术创新及成果转化为现实生产力，推动企业技术进步和产业转型升级。

三、培养新技术应用人才，是促进校企深度融合、打造高职教育新高地的时代召唤

高职院校新技术应用教育，是培养产业变革中具有新思维、新技术的新型技术人员的统称，其核心是新技术的应用和对原有技术的改良改造。新技术应用人才培养定位，能够满足高职院校专业教育与职业教育的共同要求，将新技术理念融入专业教学、创新创业教育和生产实践之中，使学生能够站在技术前沿看知识，将专业知识与创新能力相融合，开发新技术应用。在国家产业调整与发展的内驱动上，高职院校对于新技术应用人才的培养需要改变传统以高校为主导的校企合作机制，引企入校，把产教融合作为优质高校建设的主线，形成多主体育人机制，依照行业发展趋势进行专业建设和课程设置，整合行业、企业和社会机构的新技术资源，推动高职院校的转型与发展。

随着技术创新和产业升级，各行各业对新技术应用人才的需求量也越来越大，向高校要人才、向高校要质量成为国家和企业当前对高职院校人力资源供给提出的显性要求。技术含量低的传统制造业被新兴的科技业态所覆盖，产业价值链末端的产品被高溢出效应的商品所取代，粗放型生产被精益化制造所替代，国家的支柱型产业相继面临着产品与技术更新换代的时代挑战。社会产业的变革亟须高智能的技术研发人才和技术创新人才做支撑，亟待大量的数据分析、产品营销和企业管理等复合型人才做辅助，亟望新技术被广泛应用和推广的同时能够不断进行技术更新、升级与创造。以上这些刚需，都预示着新技术人才的高“含金量”和无限潜能。

打造新技术应用人才培养高地，能够迅速对接企业需求，提升高等职业院校学生的岗位适应能力，缩短专业人才培养周期，使学校人才培养目标与企业新需求无缝对接，增强高等职业教育人才培养目标的针对性和适应性，从而以更先进的技术引领行业发展的未来。

因此，高职院校站在新技术应用人才培养的起点上，任重而道远。在人才战略规划上，高职院校需要根据大学生的智力特点和职业发展目标进行深入的学情分析，让专业融入行情，让技术引领市场，面向成果转化、技术改进、流程再造、管理提升、服务升级等生产一线，将产学研创充分结合，为企业培养各领域新的技术应用型人才。

第二节　产学研创协同是培养新技术应用人才的有效途径

一、高职院校产学研创结合机制研究的意义

目前，我国高职院校和科研院所的研究工作，许多是在没有企业参与或者企

业浅层次参与的情况下独立进行的。这一特点决定了大多数高职院校和科研院所的研究成果虽然在某些重要问题或关键问题上有突破甚至是重大突破，体现出较高的学术和技术水平，但这些成果多半不是可以直接应用于生产而获得经济效益的完整的技术。一项完整的可直接应用的高新技术，不仅要在关键指标上达到高水平，还必须根据生产的需要解决许多常规的技术、工艺和设备问题，而这也正是企业所迫切需要的。要较好地解决这个问题，产学研创结合是最好的模式，所以，研究高职院校产学研创结合机制，促进高职院校产学研创结合，具有很强的现实意义。

（一）高职院校产学研创结合机制研究的理论意义

1. 丰富我国高职院校办学理论，推进新时代高职院校深化“产教融合”的研究

当前我国高职教育面临着人才培养模式较为单调、供给方式相对单一、毕业生结构性失业问题较为突出等问题，反映出高职院校人才培养定位与当前经济社会发展需要脱节、不能满足区域产业发展的需求。因此，在人才培养目标设置上，高职院校应从高职教育初衷出发，基于地方产业、行业、企业需要，找准人才培养定位，打通毕业生就业出口，使人才培养目标根据市场需求、产业升级需要多样化。高职院校需要进一步明确高职教育绝对不是探究学问及学术根本的教育，而是实践为先、实用先行的学问，是对应用型人才培养的理念和实施途径的探究，要将符合企业及地方产业需要的实践充分与理论知识相结合，构建学而有用、学以致用、学能创新的理论与实践体系，充分发挥高职教育的优势，与中职及本科院校一起实现人才的错层培养和错位发展。高职院校的人才培养方案、课程设置、教学方法、实践环节设置也应该随着社会发展的需要进行调整，应该呈现更加多样化的特点。培养高职新技术应用人才，创新高等职业教育在新时代背景下的发展理论势在必行。高职新技术应用人才培养应以“新技术应用”理念为主导，强调将新技术应用贯穿理论和实践环节，以此来推动对现阶段我国高等职业教育认识的转变和理解，丰富当前高等职业教育发展理论。

2. 依托新技术应用理念，引导我国高等职业院校重视产学研创在人才培养过程中的新视角挖掘

我国高职院校虽然在实践环节上加大了对应用型人才的培养，但是由于和企业及行业联系不紧密，人才培养的优势并没有充分发挥出来，以产学研创为抓手的新技术应用人才的培养理念没有得到彻底的贯彻。因此，高职院校的人才培养理念和专业设置必须以地方和区域经济发展为立足点，高职院校要打造办学特色和专业特色，在此基础上，联合区域行业机构、地方社会组织、地方龙头企业和相对应的新技术研究机构等，共同组建“全产业链式”新技术应用与创新实

践平台，通过产学研创平台和相关具体实践引导我国高职院校挖掘人才培养新视角。

（二）高职院校产学研创结合机制研究的实践意义

1. 紧跟当前政策、战略，为高职院校产学研创新模式构建提供借鉴

对国内外现有的产学研结合理论进行对比分析，特别是对我国高职院校产学研结合的利益机制、整合机制、沟通机制和学习机制进行比较深入系统的理论分析，有利于丰富和发展现有高职院校产学研结合机制实践，为寻求适合我国 21 世纪需要的可持续发展的高校产学研结合新模式、培养创新型人才、加快高职院校科技成果产业化步伐、强化社会服务功能提供实践支持，为我国高职院校产学研结合的实践发展提供可资借鉴的对策。

2. 以产学研创协同视角打造新技术应用人才，能够为当前技术发展与人才需求进一步契合提供实践依据

《国家中长期教育改革和发展规划纲要（2010—2020 年）》明确提出高等教育要突出培养造就创新型科技人才，要注重培养一线应用创新人才的要求。技术创新一般分为两个阶段：第一阶段是科技人员进行创新研发，形成新的技术；第二阶段是将新技术进行转化，成为新工艺或者新产品。新技术的发展对应用型人才的质量要求与当前高等职业教育的方式和结构不对等，高水平的新技术应用型人才匮乏，对当前的高等职业教育培养要求和层次提出了更高的要求。因此，应该提升高等职业教育的层次水平以及与新技术应用需求的匹配度，改革高等职业教育的方向，以建立新技术应用为核心的高职教育培养体系为核心，在教育层次上定位为新技术应用型教育，顺应社会对新技术应用型人才的需求，符合现代高等职业教育发展方向的需要，能够实现高职院校与区域协同发展。

二、高职院校实施产学研创协同育人，培养新技术应用人才的成效——以温州职业技术学院为例

（一）历经办学“三阶段”，秉承应用型人才培养理念，将实践贯穿人才培养始终

温州职业技术学院是一所经教育部批准创办的全日制高职院校，是国家示范性高职院校、国家首批现代学徒制试点单位、全国职业教育先进单位、浙江省文明单位。其前身分别是温州业余科技大学、温州商业学校、温州经济学校、温州机械工业学校，1999 年四校合并，升格为温州职业技术学院。从建校至今，学院实践育人理念的发展经历了以下三个阶段。

第一阶段：1999～2006 年。2000 年，温州职业技术学院开始倡导产学结合，率先“依托行业、校企合作”办学，并成立了“中国鞋都技术学院”等二级学院，实践育人理念初步形成，其重点是提高人才培养质量，以适应经济增长方式的转变和产业结构优化升级。

第二阶段：2007～2014 年。从 2007 年起，温州职业技术学院开始倡导产学研结合，在全国范围内率先掀起“捣墙运动”，建设起以生产性实训基地为主的教学工厂，实现与区域经济互动、与企业行业共赢，实践育人理念基本成熟。

第三阶段：2015 年至今。2015 年，温州职业技术学院开始倡导产学研创结合，在全国范围内率先提出新技术应用的创新创业人才培养模式，强化以创新创业教育引领教育教学改革，实践育人理念牢固确立。

（二）构建“三大平台”，秉承高职人才培养初衷，彰显实践育人特色

1. 搭建“校、政、行、企”四位一体平台，推进校企合作共育人才

温州职业技术学院不断完善“校、政、行、企”协同育人机制，开展校企合作育人，坚持“大战略到哪里，学校布局跟到哪里”，最关键的部分就在于校企真正意义上的深度合作。时任教育部部长袁贵仁曾指出，当前我国职业教育发展的致命弱点就在校企合作，它是今后一个时期职业教育改革发展的重点，是我们应当下大功夫，也是必须下大功夫去探索和解决的难点。因此，以放大、倍增、传递“校、政、行、企”四方共同利益为前提，找到四方合作的契合点，以此为切入点探索深化“校、政、行、企”四位一体合作模式的新途径，引导和调动政府、行业、企业参与专业建设的积极性和主动性，是推进高职教育产教对接的前提。温州职业技术学院通过“企、政、行、校”四位一体服务平台对外宣传和推广校内资源，对拓宽校内对外服务的渠道、加大对外技术服务力度、深化校企合作途径产生了积极的作用。同时，通过将教师科研、提供技术服务与课程教学过程相融合，将对外技术服务项目与课程项目化教学案例建设相融合，将技术服务条件建设过程与实训基地条件建设过程相融合，将技术服务能力提升过程与师资队伍的培养过程相融合，将技术服务实施过程与学生创新创业能力提升过程相融合这五种途径，让专业建设直面区域特色产业，实现由产教开始对话到产教对接的教学模式的改革。

2. 搭建“三课堂”联动平台，推进全员全程全方位育人

温州职业技术学院在注重一课堂专业实践教育的基础上，稳步推进二课堂行为养成教育，开展早自修、早锻炼和晚自修等课外活动，年均开展活动 570 余项，参与学生达 100 余万人次；积极推进三课堂社会服务实践，以暑期社会实践和新青年下乡活动为重点，开展志愿服务、专业实践、创新创业等三类实践。

各部门分工协作，齐抓共管，不断创新管理育人的新举措：基础课部设立了思想政治理论教研室，主要负责思想政治理论课程的建设和教育工作；学工部以“三讲三心”（“三讲”指讲礼仪、讲诚信、讲感恩，“三心”指对国家人民尽忠心、对父母长辈尽孝心、对同学同事尽爱心）明德教育为核心，开展爱校教育、宽容礼让教育和习惯养成教育，使学生的思想品质、道德素养得到较大的提高，行为习惯得到改善。

在“三课堂”联动下，温州职业技术学院“奋发向上、止于至善”的校园文化逐步形成，其具体措施包括：深入实施“青年马克思主义工程”，培养一大批标兵；院系班三级联动推进；着力选塑优秀典型，以同伴教育助推青年思想引领工作；服务学院和师生，在校园传递感恩和爱心等。学院积极探索新途径和新方式，重视思想政治理论教育的时代性，在学生中深入开展理想信念教育，引导大学生深刻认识中国共产党领导和中国特色社会主义制度的历史必然性和优越性，自觉把个人理想融入中国特色社会主义共同理想之中；教育学生树立正确的世界观、人生观和价值观，形成坚定的马克思主义信仰，具备吃苦耐劳、忍辱负重、勇于献身的高尚情操，成为爱岗敬业、正直善良、奉公守法、乐于助人的中国特色社会主义事业的接班人。

温州职业技术学院积极组织学生投身到“五水共治”（治污水、防洪水、排涝水、保供水、抓节水）、“三改一拆”（改造旧住宅区、旧厂区、城中村和拆除违法建筑）等省委、市委中心工作中去，并结合温州农村文化礼堂建设、关爱农民工子女和留守儿童志愿服务行动等，开展送文化、送科技、送服务等活动，年均组织实践队伍近200支，参与学生超10 000人次。

3．搭建“训研创”一体化平台，推进培育更高水平职业人才

温州职业技术学院注重将办学特点和专业特色与行业、企业相结合，不断拓宽合作渠道，合作关系不断明晰，合作的成效也在不断显现，校企合作工作正呈现良好的发展态势。

在“实践为先”理念的指引下，学校和企业都进行了正确的角色定位并建立了校企合作保障机制。在校企合作中，要实现双赢，关键的一点是学校要始终坚持以知识经营为前提，从知识经营的角度把企业的生存竞争与学校的生存发展密切地联系起来，加强学校与企业的信息沟通、技术开发等，以市场为导向开发课程，解决市场需求与学校教育滞后的矛盾。近五年来，温州职业技术学院的学生获创新创业类竞赛省级以上奖项 500 余项，创业典型不断涌现，如毕业生卢成堆自创企业在新三板挂牌上市，成为温州最年轻的上市公司经营者。学校众创空间已成功孵化企业 14 家，39 家在孵企业（工作室）的总营业额达3600 万元。

（三）充分利用既有优势，发挥整合效应，实现办学水平提升

1. 坚持服务区域，引领产业发展

温州职业技术学院坚持自身发展与区域产业发展相同步，以产业发展、企业需求为专业设置和建设航标，温州的鞋类、服装、阀门、电器等热门产业在温州职业技术学院都有对应的专业，学院现有专业覆盖浙南地区主要支柱产业和特色行业；持续开展“立地式”研发，现有45个省、市、院级研发平台和研发中心，其中省级科技创新服务平台有2个。近三年科技服务到款额达6000万元，为企业解决技术难题580多项，为温州产业转型升级提供了有力支撑。学院本地生源不到50%，却有67%的毕业生留在本地就业，这种“与民营经济互动、与行业企业共赢”的办学实践被《光明日报》等主流媒体誉为高职教育的“温州模式”。

2. 提出现代职教理念，引领高职教育发展

温州职业技术学院一直以来坚持创新发展，多项改革为全国首创。2000年，率先与行业协会联合办学；2007年，在全国范围内率先掀起“捣墙运动”，把传统教室改建成教学工厂；2015年，在全国率先提出新技术应用的创新创业人才培养，创办的“温州产业科技众创空间”获“国家级众创空间”荣誉。2016年6月，学院领导在教育部召开的“高职教育改革发展和高水平高职学校建设”新闻发布会上作经验介绍。近五年来，全国31个省市政府部门和兄弟院校共计8000多人次来校参观交流。

3. 保持综合办学实力全国领先

温州职业技术学院专业建设水平、师资队伍和实训条件一直处于全国高职院校领先地位。截至2018年，全院在编教职工680余人，副高以上职称230人（其中有正高职称38人，硕士生导师11人），“国家高层次人才特殊支持计划”1人，国务院特殊津贴专家1人，国家教学名师1人，省突出贡献中青年专家1人，省“151”人才4人，省市级创新团队4支，省专业带头人18人，双师素质教师占82.14%。百名专任教师获技术专利项目数量全省排名第一，主持科研课题人均经费全省第二。2014年荣获国家级教学成果奖一等奖2项（全国高职院校仅32项）；2015年荣获教育部人文社科二等奖1项（全国唯一高职院校）；2016年被评为全国高职院校服务贡献50强院校。

温州职业技术学院还充分发挥温州侨乡侨领的作用，在意大利帕拉多镇等温州人集聚区建立了“设计工坊”等境外办学机构，同时引进海外精英人才，成为服务世界温州人的“桥头堡”；牵头筹建中国-东盟职业教育联盟，主动满足“走

出去”企业的需求，助力区域内优质产能“走出去”，扩大与“一带一路”沿线国家的职业教育合作，成为中国与东盟职业教育合作的“领头羊”。

第三节　当前高职院校实施产学研创结合存在的问题与提升融合发展建议

一、当前高职院校实施产学研创结合存在的问题

高等职业院校由于直接与行业和产业对接，直接以企业的切实需求为育人导向，在其岗位群设置和人才培养方案建设中，需要强调职业技能、技术应用能力、职业素养以及职业和岗位变化的适应性，在育人模式上必须与本科和中职院校有明显的区别和差异性，需要以校内外实践和生产实习为主要育人方式，使产学研创的理念贯穿教育教学计划和整体规划。当前在育人途径方面，深化产学研创结合、深入产教融合、拓展实践途径已经成为高职院校办学探索的重要研究方向，但是由于长期以来高职院校与企业及行业对接错位以及缺乏完整、系统的理论和实践指导，我国高等职业院校在产学研创结合以及新技术应用人才培养方面存在认识上的缺陷，在校企共建育人平台、政企校协同育人、校企共同创新方面效果并不理想。主要存在的问题如下。

（一）对产学研创政策层面支持不足，导致参与主体得不到有效的监督及激励

首先，本应在产学研创结合方面起到中介及沟通作用的政府部门，当前在立法保障、政策支持方面缺乏相应的力度，有效和完备支持及促进产学研创合作模式及各方利益的政策法规尚不完备。尤其是在融资、税收、资助、补贴方面对参与产学研创的企业没有形成引导性、调控性和操作性强的政策和法规。

其次，政府在产学研创各方参与者中应扮演牵线人、中介者的角色，尤其是在调节校企双方利益方面更应起到协调者的作用，但是政府的作用仍存在缺位。

再次，针对产学研创效果进行有效评估的指标和体系尚未建立，仍然是各自为政，各自实施，见行动不见效果，讲形式不讲持续，虽然在一定程度上使高校和企业有了“自由恋爱”的权利，但双方的“联姻”依然缺乏相应的约束机制，显得较为随意，难以形成推广的典范。除此以外，由于上述机制的缺乏，产学研创结合后续效果评估不及时、不明确，无法让企业得到切实的利益，无法让高职院校真正发挥作用，校企合作出现“断头路”。

（二）对产学研创结合的认识存在偏差，导致和企业应有的利益互补存在内在驱动缺位

有些高职院校对产学研创结合的认识仅停留在学生在企业实习或者进行社会

实践的层面，并没有对产学研创结合本质进行进一步的剖析，使学生只得到了形式上的实践，深层次的融合较少，忽视了校企合作真正的内涵和内在需求，导致校企之间缺乏实质的互惠机制，没有将企业的经济价值导向和高职院校的社会公益导向相结合，忽视了企业对有效的人力资本的需求和高职院校对人力资本培养之间的供需对接。从企业角度看，规模大的企业，人才类型多样、设备先进，内部形成了成熟的技术革新、产品创新机制，缺乏参与高职教育、进行产学研创深度融合的意识和责任感；规模小的企业，虽然认识到了高职院校人才培养对自身发展的重要性，但由于没有足够的财力物力以及追求新技术的强烈愿望，缺乏参与高职教育协同人才培养的耐心和能力，很难做到无偿提供教育资源。而从高职院校角度出发，办学无法用企业的成本概念进行考量，因此高职院校从服务的社会性和育人的公益性出发，缺乏主动获取企业资源的积极性和导向性。

（三）对产学研创结合的管理存在缺失，导致学生和企业的需求得不到充分的重视和满足

高职院校内部缺乏对产学研创合作进行有效管理的部门，使学生的需求得不到满足，教师的积极性调动不起来，也成为阻碍当前高职院校产学研创结合进一步深化的障碍。例如，产学研创结合教育制度亟待完善，体制机制有待加强，专门的管理机构需要建立，专门的对外协调机构和职能部门需要协同，教师激励机制有待完善和匹配，内部的产学研创结合支撑体系需要建立。这些都导致了企业创新成果没有及时进入高职院校课程以及与专业建设有效结合，高职院校也没有把新技术应用、技术革新价值作为创业的核心资本价值。这既限制了高职院校人才培养质量的提高，又制约了高职院校产学研创结合的进一步深化。另外，由于学生面临新技术知识理论学习能力较弱、基于新技术应用创业的意识缺乏、可供新技术实训实践的平台较少等现实困境，其学习和实践的内容与企业生产活动对人才的技术技能需求产生脱节。

二、提升融合发展的建议——以温州职业技术学院为例

在传统产业改造、提升过程中，为了将更多的“中国制造”和“中国创造”因素融入转型中的“中国智造”，需要以传统制造业为基础，依托本土资源，依赖本土优势，实现从单个企业到块状经济连片发展，实现高品质、高水平的本土制造。对于以推动区域产业升级为目标、服务地方经济建设为核心的高等职业院校而言，其需要紧跟区域内产业结构的转型升级要求，按照企业需求调整研究方向，配备相应的人、财、物，建立解决企业难题的研发平台，成为技术应用的“最后一公里”的技术源，突破制造业发展瓶颈，加快推进制造业向智能化、生态化、精细化转变，充分发挥自身在国家创新体系中的重要作用，致力于解决技术应用创新服务等问题。

因此，促进产学研创融合发展，培养新技术应用人才，必须切合地方产业特点，融合区域经济特色，切实提高服务地方产业发展的水平，这是高等职业院校健康发展的关键，也决定了新技术应用及推广的张力和效应。

（一）理念先行

1．以新技术应用为突破口

产学研创相结合要以新技术应用为突破口，使人才培养质量、技术服务、创新创业形成产教深度融合发展的“三驾马车”。在新技术应用人才培养方面，温州职业技术学院的理念是“以未来的技术，培养今天的学生，为明天服务”，根植于区域创新需要的“立地式”研发理念是“需求-方向-条件”相一致，创新创业的理念是“产学研创相结合，培养新技术应用人才”。

2．以一体化为办学理念

高职院校办学如果不强调办学一体化，就会缺乏整体统筹观念，造成各部门各自为政，不能形成统一的办学优势。如果教务处只讲专业建设、人才培养，认为科研、培训与己无关；科研部门只讲外来经费多少、发表论文多少篇、申报课题多少个，把人才培养和社会服务抛开；社会培训部门只管培训，认为能不能申报新专业、能不能发现企业难题、能不能引入社会资源合作办学都与自己无关，这样学校是发展不起来的。

因此在高职院校办学过程中必须强调一体化发展理念，即在看到自己工作的同时，也要研究其他部门有关联的东西，这样才会促进人才培养和学校的发展。例如，在人才培养上实现“招生-培养-就业”相配套的一体化发展，在专业建设上实现“培训-专业-平台”相协调，在实践能力培养上实现“实训-研发-创新创业能力”相融合，在师资队伍建设上实现“平台-项目-团队”相衔接，在技术应用研究上实现“研发-双创-服务”相结合。所有的理念都是以产教融合为主线、以体制机制创新为切入点，所有的东西都依托专业，专业是龙头，一体化的最终目的还是把专业做精做强做大。

3．以开放的理念整合社会资源

高职院校办学一定要开放，这个开放不仅仅体现在校长层面上，还要落实到每一位一线教师身上。一线教师，专业负责人，系部、校领导都要思考怎样整合社会资源，只有这样才能真正做到万众一心，真正做到产学研创融合。

因此在高职院校办学过程中，在学校层面，必须要与行业龙头企业、行业部门等共同组建职教联盟；在系层面，要成立产学研创合作委员会，系主任任合作委员会主任，要站在校长的角度来考虑工作，打破原有的“学校办系”体系，实现“系办学校”，让各个系动起来，每个系都发挥活力，这个学校就跑得快；在专业层面，要成立专业一体化建设指导委员会，要求专业负责人不仅要考虑怎么培养学生、怎么上课，还要综合考虑培训、研发平台、社会服务，并且要以这些理念指导专业绩效考核指标设置；在教师层面，要根据实际工作组建各项目合作组。

（二）制度保障

1．专业建设机制

在专业建设机制层面，温州职业技术学院构建了“培训-专业-平台”一体化模式，制定了专业向两端延伸的激励机制，把原来的专业绩效考核方式全部推倒，重新建立了一体化的专业绩效考核制度，并且规定专业绩效考核结果为A等的专业负责人，教学业绩也为A等，让专业负责人有更多精力从事专业建设。

2．科研激励机制

温州职业技术学院加强了对横向科研课题的激励。例如，对横向课题，学院给予教师到款额10%的奖励，即如果企业提供10万元的横向课题经费，其中1万元将作为教师的奖金发放；如果成功转让专利，学院将自主转化科技成果经费的90%奖励给成果完成人，由团队负责人确定分配方案，行政部门不予干涉。修改完善科研项目经费管理、科研项目经费配套资助和科研工作量计算等制度，取消纵向课题的配套经费，专门设立学校的引导性经费。

3．人事管理机制

温州职业技术学院实行了职称评审权下放，各个二级学院现在评教授、副教授、讲师、助教的自主权加大了，学院为此又制定了导向性及针对性政策。通过专门制定专业技术职务评聘制度和教师教学业绩考核办法，温州职业技术学院制定了自己的人事管理分配政策，建立了教师个性化发展机制、教科研互通机制、校企共育人才机制。只有学校把这些导向性政策制定出来，才会激发教师的活力。只有在政策层面制定激励政策、人事政策，学校的工作才能正常开展。

4．开发服务制度

温州职业技术学院规定，所有的平台负责人在职务上享受副处级待遇，每年享受津贴1.5万元、办公经费1万元，配齐硬件设备。针对科研设备，学校需要进行辅助性拨款，例如，温州职业技术学院将300万元用于新技术应用的科研设备的采购。除了完成科研服务、横向课题经费要达到10万元以上外，每个研发平台至少对接一个大学生创新创业团队，至少承担10个毕业生的毕业设计指导任务，如果这几点做不到，科研项目经费再多，考核也不通过，这几个是前提条件，满足以后才能考核，三年考核不通过，这个平台就撤销。

5．混合所有制办学制度

混合所有制办学是当前高职院校改革的难点，需要制定相应的政策和措施，探索混合所有制的不同实现形式，鼓励专业技术人才、高技能人才在高等职业院校建立股份合作制工作室，承包制也好，契约制也好，合同制也好，只要能把企业和学校的资源与优势利用起来，使学校和企业共赢，任何形式都可以采用。

6．师生共创制度

师生共创，可以促进融合发展。学校可免费提供场地、设备，扶持学生注册公司，学生任法定代表人，教师给予技术支持，这就好比有了两个“水龙头”，教师评职称时，拿到的横向课题等同于纵向课题。温州职业技术学院以前评教授职称，候选人必须要主持一个省部级纵向课题，但是为了激励师生共创，学院规定如果横向课题经费达到50万元（理工科）或20万元（文科），就相当于拿到一个省部级纵向课题。至于到底是参与横向课题还是与学生一起共同经营企业，“水龙头”由教师自己掌握。一旦这种制度酝酿成熟，一定会激发教师和学生的活力，会有更多的教师、学生参与到创新创业和“立地式”研发服务中来，会有更多的企业通过温州职业技术学院的研创大楼孵化出来，形成温职系的校友企业，为温州产业转型升级助力。

（三）师资保障

1．建设理念

“教师的高度决定学校的高度，教师的高度决定学生的高度，教师的水平决定学生的水平”。上述讲的一切离开了师资都是空讲，都实现不了。因此如何建设一支高水平的师资队伍是摆在每一位管理者面前的重大问题。

2．建设路径

温州职业技术学院建成了“平台-项目-团队”衔接的师资团队。平台包括教师发展中心、培训平台、创新研发平台、产教融合平台。项目包括职业能力提升项目、研发能力提升项目、行业影响力提升项目（这与本科院校的提法不一样，温州职业技术学院力争打造在行业有影响力的师资队伍）。加强校本培训等，提升职业能力；参加新技术应用能力提升进修、开展技术服务与成果推广等项目，提升研发能力；实施国家行指委专家激励、行业名师名家激励、行业活动积分与奖励等项目，提升产业能力。团队包括三大师资团队：智能制造专业集群师资团队、时尚设计专业集群师资团队、现代服务专业集群师资团队。

3. 具体做法

1）一是规定发明专利和发表论文结合。温州职业技术学院教授评级的前提是要发表 5 篇论文，现在老师只要发表 2 篇论文和拥有 3 项发明专利就可以参与评级。职业教育领域发表一级论文很难，但是只要取得一项发明专利权，即相当于发表了一篇一级论文。二是职称评审时，横向课题与纵向课题等同。三是职称评审时，认可行业技术难题与等同企业技术难题的科研攻关项目。

2）教师解决行业与企业难题，经学校立项后等同于市科技局项目，学校给予经费支持，帮助教师更快地成为行业专家。

3）教师要评职称，必须有教改项目，没有教改项目不能评教授、副教授、讲师，只能评研究员系列。这些教改项目必须是围绕学校的教育教学改革顶层设计开展的研究，教师根据自己的专业，对照教务处每年发布的《教改项目申报指南》确定研究项目。这样的好处是形成合力，引导教师在学校的顶层设计范围内开展研究，使教改理念延伸至教师教育教学改革的实际行动中。

4）开展“导师＋项目＋团队”培养，引项目入校，设立研发平台，打造创新创业工场，发挥教师的主观能动性。在温州职业技术学院，一些企业甚至直接把研发中心设在了校园中，特别是在研发大楼，几乎每个人都拥有多重身份，研发大楼不再是传统意义上的师生教学相长的场所，更多的是产教深度融合的平台。

温州职业技术学校的这些理念和做法，有效促进了教师的发展，形成了“培养学生有市场，助推企业有办法，服务社会有地位”的局面，打造了一支全国知名、省内一流、行业有影响力的高水平教师队伍。

第二章　产学研创理论的发展沿革与新技术应用相关理论

第一节　产学研结合的思想来源与理论依据

产学研结合是一个古老而又常新的研究课题，发达国家已比较好地解决了这一问题。我国政府也强调产学研结合的重要性，采取了一些行之有效的措施来促进产学研结合工作，也取得了比较明显的工作成效。但总体上讲，我国的产学研结合还很不够。虽然我国每年有大量的科研成果通过鉴定和获得各种奖励，其中还有不少具有国际先进水平的科研成果，但这些成果转化为现实生产力的比例还非常低。高等职业院校是地方科学技术研究的主力军，理应作为推动区域创新和产业升级发展的主要力量。但实际情况是企业常常满怀热情到高职院校寻求高科技合作项目，却难于找出一个能满足自己要求的项目。这已经是一个长期以来困扰我国科技、教育产业发展的老问题，至今仍未得到很好的解决。

当然，产生以上问题的原因十分复杂，而进一步做好高职院校产学研结合机制研究，是探讨问题产生的原因并寻找解决办法，推动高职院校产学研结合顺利、健康进行的关键和保证。因此，对高职院校产学研结合机制进行深入研究，必须首先弄清楚国内外产学研结合的思想来源、理论依据，了解高职院校产学研结合模式提出的背景以及相关概念。

一、产学研结合的思想来源

产学研结合有深远的历史渊源，探讨产学研结合的思想来源，对于我们寻求高职院校产学研创最佳结合模式具有指导和启示意义。产学研结合的思想来源产生在国外，其在我国的发展只有短短几十年的历史。

（一）国外产学研结合的思想来源

最早提出劳动教育模式的是英国的空想社会主义学者托马斯·莫尔（Thomas More，1478—1535），他在《乌托邦》（1516 年）一书中最早提出了劳动教育的主张，指出对公社里的所有儿童进行初等教育时，要求他们在学校里既要学习农业知识，又要到城郊田地里从事农业劳动。

威廉·配第（William Petty，1623—1687）是英国资产阶级古典政治经济学的创始人，他在 1648 年发表的《威廉·配第就知识的某些特殊部分的进展致哈特利布先生的建议》一文中提出了建立劳动学校即“科学工场”和“机械中学”的计划。从配第的教育改革方案中，我们可以看到合作教育的雏形。

英国经济学家约翰·贝勒斯（John Belles，1654—1725）在《关于创办一所一切有用于手工业和农业的劳动学院的建议》一文中提出劳动学院就是社会主义的生产合作体，马克思称贝勒斯的教育改革方案体现了“结束现行的教育和分工”的要求。贝勒斯的劳动教育论是合作教育的思想源泉之一。

约翰·洛克（John Locke，1632—1704）的《作业学校草案》则是上述经济学家、教育学家关于建立在劳动教育基础上的工读教育课程方案更加具体、完整的体现。

法国资产阶级启蒙思想家卢梭（Rousseau，1712—1778）从“自然教育”理论出发提出劳动教育主张。他认为在“自由人”的教育中，手工劳动是重要内容之一。卢梭在这里将劳动作为教育的工具。

瑞士的教育学家裴斯塔洛齐（Pestalozzi，1746—1827）企图通过教育来改善农民生活，他在自己创办的学院里进行简化教学实验，提出了教育与生产劳动相结合的思想，但他提出的劳动与教育相结合只是纯粹机械性的结合，没有在两者之间建立内在的联系。

（二）我国产学研结合的思想来源

通过对中华人民共和国成立后教育与生产劳动相结合的实践研究，对于产学研结合的初期思想来源，有些学者提出了自己的看法，他们认为，中华人民共和国成立初期，该思想来源包括：“五四运动”前后教育与生产劳动相结合的探索；革命根据地教育与生产劳动相结合的实践经验；苏联教育与生产劳动相结合的实践经验。

从1957年开始，我国开展了具有中国特色的教育与生产劳动相结合的理论和实践的探索，展开了“红与专、政治与业务”的大讨论，并把“半工半读、勤工俭学”看成教育与生产劳动相结合的重大措施和办学形式。

党的十一届三中全会后，各条战线和各个领域都进入全面改革时期，在生产劳动与教育的结合问题上，通过讨论、研究、改革，取得了理论上的突破和实践上的发展。1979年，我国职业教育界展开了职业院校应不应该增加“科学研究”这一职能的大讨论，这一讨论直到1985年才有结论。1985年《中共中央关于教育体制改革的决定》中正式提出高职院校应承担教学、科研双重任务，高职高专院校也应办成教育中心和科研中心。

20世纪80年代中期，职业教育界又围绕高等职业院校要不要开展“社会服务”展开了大讨论，最后“一个为主，两个中心，三项职能”的提法得到社会各界和高层领导的一致认可。《中华人民共和国高等教育法》更是明确提出，“高等学校应当以培养人才为中心，开展教学、科学研究和社会服务”“国家鼓励高等学校同企业事业组织、社会团体及其他社会组织在科学研究、技术开发和推广等方面进行多种形式的合作”。近年来，有的学者从高等职业教育在知识经济时代的核心地位出发，提出了用“社会拓展”职能取代“社会服务”职能；有的学者从经济全球化的发展角度，提出“四项职能”的观点，即增加“国际合作”职能。这些提法尽管尚未有定论，但丰富和深化了人们对高职院校职能的认识，对我们开展高职院校产学研结合研究有一定的理论指导作用。

二、产学研结合的理论依据

（一）马克思主义关于教育与生产劳动相结合的理论是产学研结合的理论基础

教育与生产劳动相结合是马克思主义教育学说的基本原理之一。马克思、恩格斯在总结空想社会主义者的教育与生产劳动相结合的思想基础上，从全面发展和全面教育的角度出发，从以下三个方面着重阐述了教育与生产劳动相结合的理论。

1．教育与生产劳动相结合是改造现代社会最有力的手段之一

马克思、恩格斯当时改造现实社会的目标就是改造资本主义社会，其主要任务就是为工人阶级及其后代争取限制工作日与争取教育权而斗争。为劳动者和童工争取教育权，以抵制资本家的剥削，成为改造资本主义社会的手段。

2．教育与生产劳动相结合是提高社会生产的一种方法

马克思论述了机器生产在社会的大规模运用，客观上要求教育同物质生产结合起来，这种结合是现代生产的特点所决定的，结合的共同点是现代科学技术。沟通教育与生产之间的桥梁就是科学。

3．教育与生产劳动相结合是培养全面发展的人的唯一方法

马克思和恩格斯在《共产主义原理》《共产党宣言》《资本论》《哥达纲领批判》《反杜林论》等一系列著作中均阐述了教育与生产劳动相结合的基本理论。例如，马克思在《资本论》中指出：“生产劳动同智育和体育相结合，它不仅是提高社会生产的一种方法，而且是造就全面发展的人的唯一方法。”恩格斯在《反杜林论》中指出：“在社会主义社会中，劳动将和教育相结合，从而保证多方面的技术训练和科学教育的实践基础。”马克思主义的教育思想，特别是教育与生产劳动相结合的原理，是利用辩证唯物史观，从科学社会主义学说和培养全面发展的一代新人的理想出发而总结出来的，科学地揭示了教育的社会本质，反映了社会生产发展和科学进步对教育的客观要求。

列宁则坚持和发展了马克思关于“教育与生产劳动相结合”的理论，他坚持马克思主义的普遍生产劳动同普遍教育相结合的原则，把它看作人类普遍和全面发展的条件。列宁认为，没有年轻一代的教育与生产劳动的结合，未来社会的理

想是不能想象的；无论是脱离生产劳动的教学和教育，还是没有同时进行教学和教育的生产劳动，都不能达到现代技术水平和科学知识现状所需求的高度。列宁对马克思主义关于教育与生产劳动相结合观点的贡献还在于扩大了结合的内涵，把现代科学技术作为高等职业教育与生产劳动相结合的主要内容，并强调政府在其结合中的指导、协调作用，科学地揭示了生产与教学、教育的双向关系，明确提出了“教育与生产劳动相结合”的理论术语。

以毛泽东为代表的中国共产党人，将马列主义的普遍原理同中国国情相结合，对“教育与生产劳动相结合”的理论进行了新的探索，主要贡献包括：以改造自然、改造社会以及人的培养为出发点看待“教育与生产劳动相结合”问题；从政治、经济和思想辩证统一的高度看待“教育与生产劳动相结合”；从实际出发，确定了现代社会“教育与生产劳动相结合”的制度、内容以及组织形式等具体内容。

毛泽东针对学生轻视劳动、忽视政治的倾向，以改造自然、改造社会及人的培养作为根本出发点，从思想、政治、经济三者辩证统一的角度，提出了脑力劳动与体力劳动相结合、知识分子与工农相结合、教育与生产劳动相结合的思想。1958 年，中共中央、国务院《关于教育工作的指示》将“教育为无产阶级的政治服务，教育与生产劳动相结合”作为党的教育工作方针。

邓小平在继承毛泽东“教育与生产劳动相结合”的正确思想的同时，将其作为提高综合国力、促进社会发展、培养合格人才的重要举措，把科学技术与教育的结合提升到新的历史高度，使产学研的有机结合有了理论上的指导。邓小平在 1978 年召开的全国教育工作会议上指出：“为了培养社会主义建设需要的合格的人才，我们必须认真研究在新的条件下，如何更好地贯彻教育与生产劳动相结合的方针。”“现代经济和技术的迅速发展，要求教育质量和教育效率的迅速提高，要求我们在教育与生产劳动结合的内容上、方法上不断有新的发展。”①

《中华人民共和国教育法》以法律的形式规定了我国现行的教育方针：“教育必须为社会主义现代化建设服务，为人民服务，必须与生产劳动和社会实践相结合，培养德、智、体、美等方面全面发展的社会主义事业的建设者和接班人。”这为产学研结合提供了法律依据，这一法定的新时期的教育方针，完整地体现了马克思主义关于“教育与生产劳动相结合是实现人的全面发展的唯一方法”的理论。

通过对马克思主义关于“教育与生产劳动相结合”理论的分析，可以得出以下结论：

1）这种结合是两个独立活动过程的有机结合，但不是简单相加，科学技术是其结合的中介。

2）这种结合是现代科学技术条件下社会生产发展的要求，也是现代教育自身发展的要求。

3）这种结合包括教育、教学活动过程与实践活动过程的微观层次的结合，又

① 邓小平，1994．邓小平文选（第二卷）[M]．2 版．北京：人民出版社：107．

包括教育与科学技术和经济发展相互联系、相互作用的宏观层次的结合，微观层次的结合是最基本的结合，是其核心部分。

4）这种结合具有多样性、双向性的特点，形式也有多样性的特点。

5）这种结合在不同社会制度下具有普遍适应性，但在具体实施上具有差异性。

6）这种结合具有强大的教育、政治、经济的社会功能，因而得到各个国家政府的高度重视。

（二）产学研结合是现代科学技术和知识经济发展的必然要求

在教育与经济、技术的发展过程中，每一次技术革命和经济变革都会促进教育，特别是职业教育的大发展。18 世纪开始于英国的技术革命推动了教育革命，高等职业教育的社会职能从一种发展为两种。19 世纪 70 年代开始的科技革命促使高等职业教育产生了新的职能。发端于 20 世纪 80 年代的以微电子为中心的科技革命，以信息产业为龙头，以知识经济为特征，掀起了高等职业教育的第三次改革。高等职业教育的三大职能，特别是社会服务职能，在产学研结合中得到了发展。可以说，近代科学技术的迅速发展及知识经济的到来，使教育与生产劳动的结合得到进一步加强；传统教育模式脱离社会生活、脱离劳动实践的现象得到了进一步改变。教育同生产劳动、科学研究相结合成为近年来各国教育、科技和产业发展的一个世界性趋势。

知识经济是建立在知识和信息的生产、分配和使用上的经济。经济合作与发展组织（Organization for Economic Co-operation and Development，OECD）将知识经济的特征概括为以下四点：①科学和技术的研究开发日益成为知识经济的重要基础；②信息和通信技术在知识经济发展过程中处于中心地位；③服务业在知识经济中扮演了重要角色；④人的素质和技能成为知识经济实现的先决条件，即知识的经济功能在知识经济中得到了最充分的体现，在产品的价值构成中知识创造的价值占最大比重。在知识经济时代，一个国家经济的整体活力和发展潜力将不再主要取决于拥有的自然资源和资本的多少，而是更多地依赖国家范围内求知活动与创新活动的活跃程度，依赖国家经济活动参与者求知能力和创新能力的大小。

在知识经济中，知识信息的创造、加工、传播和应用将成为经济增长的最重要的源泉。而对于整合知识的创造、加工、传播和应用的组织——高职院校来说，其地位无疑发生了重大变化，即它们不仅具有教育和科研功能，还具有第三种功能——高技术辐射功能，正因为如此，所以高职院校一方面要加强基础性研究和高技术研究，另一方面要加强科技成果转化和推广工作，不仅要成为传授知识、培养人才的地方，还要成为哺育知识型企业的场所，使高技术研究成果转移到现实社会的工厂中，形成产业，最终转化为现实生产力。知识经济对高等职业教育的这种要求，客观上要求高等职业院校要建立与知识经济相适应的教育体系，建立与知识经济相适应的人才共享机制和实验基础设施共享制度，建立与知识经济相适应的产学研一体化的运行机制，使高职院校真正成为推动技术进步、知识创新、技术创新和发展高新技术的强大源泉，成为推动社会进步的强大动力；使企业在产学研结合中成为推动经济发展、技术创新、体制创新和发展高新技术产业的不竭动力。

（三）产学研结合是我国经济体制、科技体制和教育体制改革的必然要求

产学研结合是现代科学技术和知识经济发展的客观要求，已成为发达国家经济发展的共同趋势和成功模式。在我国，产学研结合是经济体制、科技体制和教育体制改革的必然要求，并成为推动社会经济、科学技术和教育向前发展，实现“科教兴国”发展目标的战略性措施。

1. 产学研结合是我国经济体制改革的必然要求

我国业已进行的经济体制改革是以建立社会主义市场经济为目标，而市场经济客观上对高等职业教育活动提出了新的要求，即在市场调节与计划控制、分配管理与集中领导、大学自主与国家干预的配合下，高等职业教育活动要具备市场性、自主性和可控性等特点。“政府宏观调控，学校自主办学，市场积极引导”成为市场经济指导下政府、高职院校与市场的基本关系。这种关系要求高等职业院校改变过去单纯依靠政府指导的办学模式，发展为办学与市场产生直接的、密切的关系，利用市场对资源的优化配置机制、市场交易机制、市场选择与激励机制来开展高等职业教育活动。而产学研结合则是高等职业院校实现其基本功能，在人才培养、科学研究和社会服务等方面与市场接通的最佳形式。

2. 产学研结合是我国科技体制改革的必然要求

在经过“十二五”时期的建设和改革后，进入“十三五”时期，我国的科技体制正在经历更加深入、全面的变革。科技体制的变革以建立适应社会主义市场经济和科技自身发展规律的科技体制为目标，努力形成科研、开发、生产紧密结合的机制，建立以企业为主体、产学研结合的技术开发体系和以科研机构、高等职业院校为主的科学研究体系以及社会化服务体系，提高科技在国民经济中的贡献率。推动科技机构面向经济建设主战场，发展高新科技，促进高新技术产业化，优化基础性科研机构的结构和布局，有条件的社会公益性研究机构实行开放性管理和社会化服务，成为科技体制变革的主要任务。高等职业院校是整个科技体制变革的有机组成部分，其多学科优势、智力优势使其在国家科技体制改革中发挥着不可替代的作用，而产学研结合一体化则是实现国家技术开发新体系的重要形式。

3. 产学研结合是我国教育体制改革的必然需求

产学研结合是我国教育体制改革的必然要求，从我国教育体制改革进程来看，

随着经济体制、政治体制和科技体制改革的深入，逐步建立起与社会主义市场经济体制、政治体制和科技体制改革相适应的教育新体制成为教育体制改革的目标。这种新体制改变了政府包揽办学的格局：逐步建立起以政府办学为主体，社会各界共同办学的体制；逐步建立起政府宏观管理，学校面向社会自主办学的法人实体；逐步建立起主动适应经济建设和社会发展需要的自我发展、自我约束的高等教育运行机制。产学研结合适应了高等职业教育体制改革的需要，使高等职业院校可以更直接地投入经济建设的主战场，在为社会做出巨大贡献的同时，促进自身的发展。

第二节　产学研结合组织模式的演进

经过长期的探索和实践，各国产学研合作已取得了巨大的经济效益和明显的社会效益：加速了科技成果的转化和高新技术产业化的进程，调整了经济结构，培育了新的经济增长点；建立了以资本为纽带的更符合市场经济的合作模式，有效地促进了科技力量向经济主战场的转移，提高了企业的技术创新能力和市场竞争力；同时也为高等职业院校和科研院所自身的发展和人才的培养创造了良好的条件，加强了企业、科研院所、高等职业院校之间的全面合作关系。

走产学研结合之路，已成为世界各国现代高等教育改革和发展的重要途径。产学研、校企政的多元结合正成为一种世界性潮流。

美国早在 1903 年就开展了产学研合作活动。自 20 世纪初，美国威斯康星大学把高校职能归纳为教学、科研和社会服务三项职能以来，世界各国均将产学研结合的实践作为国家教育、经济和社会发展的成功要素和不可忽视的重大课题来考虑和对待。20 世纪 50 年代以后科学技术的迅猛发展，特别是信息时代的到来，使高等职业教育与社会政治、经济、文化、科学、军事等因素的联系越来越密切，在新技术革命迅速发展的情况下，发挥大学优势，构建以大学为中心的教学、科研、生产联合体，已成为世界各国公认的一种成功的发展模式，且这种模式随着人类对教育、科技、经济发展规律认识的提高和实践的深化，正得到更为广泛的传扬和发展。

从世界范围来看，尽管许多国家采取的做法不尽相同，但目的大同小异，都在努力推进产学研合作，促进经济发展。

1. 美国的产学研合作

美国政府一向把科学院的职能交给本国的大学，重点是三四十所科技实力雄厚的研究型大学。20 世纪 50 年代以后，在国际范围内高新技术领域竞争激烈，为了应对日本、西欧的赶超战略，美国强化了政府的协调职能，对科技政策作了较大调整，更加注重“工业界、学术界和政府间的合作”，其目的是增强产品的国际竞争力、重新夺回失去的市场、拯救教育。政府及其有关部门制定了一系列法规，设立各类基金，推动产学研合作，如从 1971 年开始，美国国家科学基金（National Science Foundation，NSF）陆续制订了“大学工业合作研究计划”“工程研究中心计划”“小型企业等价研究计划”等 7 个产学研计划，其宗旨是使基础研究与应用研究联系起来，缩短技术从实验室到市场的过渡时期。1986 年美国国会通过的《联邦技术转让法》规定，许可证、专利转让收入提取 15%归发明者所有。这些法规对产学研合作起到了强有力的推动作用。

美国产学研合作的领域宽、范围广，模式也很多，主要有以下几种。

1）政府主导型。政府主导型的产学研合作，其研究重点在于应用领域。第二次世界大战之后，美国建立了不少政府科研中心，它们接受政府资助，并对政府负责，有的中心直接建在高校内，如麻省理工学院的林肯实验室、哥伦比亚大学的辐射实验室等，为美国的核武器、导弹、航天技术的发展做出了重大贡献。

2）高校主导型。高校主导型产学研合作，其重点是基础研究，常见类型如大学科技园区。大学科技园区是以高校为主体，与企业联合的研究、开发区域，实质上是一个项目群，如以斯坦福大学为依托的著名的硅谷科技园、北卡罗来纳金三角科技园及波士顿 128 号公路高新技术开发区等。

3）产学研联合型。产学研联合型合作主要是指工业科研机构和拥有高精技术的工业企业，建在科研力量雄厚的学府周围，形成区域性的科学工业联合体，如波士顿的剑桥科学工业综合体、华盛顿的巴尔的摩科学工业综合体等，基础研究和应用研究兼容。

2．日本的产学研合作

作为美国的竞争对手，日本在 1953 年开始了产学研合作活动。日本政府十分重视产学研结合，强调大学的教育、学术研究必须与产业界的生产密切结合。日本的产学研合作主要表现为企业主导型，在日本，具备科研机构和培训中心的企业或企业集团居多，集团公司自身就是一个产学研联合系统，如夏普、丰田、东芝、松下等著名公司便是如此。而政府的职能则是组织产学研联合系统的创新网络，形成“全国创新体系”，推动各大集团之间的平等合作，增强国家整体创新实力。政府制定政策法规，促进产学研合作，如制定《产业教育法》《关于促进产学研及对国外研究交流有关制度运用的基本方针》等法规来支持、鼓励、引导产学研合作；对科研体制和高等职业院校内部管理体制进行改革，允许职业院校教师到企业兼职，公司到校园内建高新技术企业，促进科研机构与企业联合，保证项目选择的质量，提高研究开发效率；大幅度增加对大学-产业合作体系的拨款，以充足的资金支持大学的研究开发。1998 年，日本政府给大学的科学技术拨款达 1.3 亿日元（占政府给全国科学技术预算内拨款的 44%），鼓励大学创造新的行业。日本政府还于 1996 年 7 月制定了《科学技术基本计划》，把产学研合作当作一项基本国策。日本的产学研合作主要有以下形式。

1）政府主导型，主要从事专业领域内通用基础、共性的科学技术研究，同时承担政府规划的研究项目，多属于中长期项目，如原子能技术、宇宙开发、海洋开发，以及下一代产业基础技术（如生物技术、信息技术、新材料技术）等。

2）企业主导型，属于产学研合作的主导模式，研究人员和研究经费占半数以上，形成了完整的科研、生产体系，侧重于应用研究。

3）高校主导型，主要从事理论研究，以研究的独创性、先导性为基本特点。

4）三方联合型，主要从事综合性开发，如筑波研究园区包括了国立实验机构、教育机构、企业研究机构等，其中的筑波研究支持中心具有产学研交流和共同研究的基础功能。

3. 欧洲国家的产学研合作

欧洲的许多国家在第二次世界大战前后也纷纷行动起来，加强高校与工业界的合作。例如，瑞典政府在对高校进行改革的同时，在高校内建立了由政府、学校和社会三方代表组成的工业联系办公室，作为学校与企业界合作的专门机构。德国政府设立了“工学交流中心”，德国高校 80%的科研任务是大型企业委托的。法国政府 1978 年颁布了科研方向转向工业的法令，要求高校通过合作研究和转让科技成果，积极参与国家和地区的经济建设。1985 年，在法国积极倡导和推动之下，尤里卡（Eureka）计划把欧洲 23 个国家的政府、企业、大学与科研机构联系在了一起。另外，法国政府还制定了政策法规促进产学研结合。英国政府从 20 世纪 80 年代初开始，用削减教育经费的办法迫使大学与工商业企业联合起来，共同发展。

4. 我国的产学研合作

近年来，我国的产学研结合也有了长足的发展，国家以高新技术产业化为目标，大力推进产学研合作。1999 年下半年，我国召开了全国技术创新大会，随后七部委联合出台了《关于促进科技成果转化的若干规定》。从 1999 年 10 月起，在深圳举办的一年一度的中国高新技术成果交易会成为推动产学研合作的重要方式。

我国产学研合作的形式有以下几种。

1）政府主导型，主要是以政府主导为前提、以大学和科研机构为主体的产学研合作，侧重于基础研究，同时也兼顾一些应用研究。例如，我国的“自然科学基金”“863 计划”“星火计划”等项目，都属于政府主导、高校和科研机构参与型产学研合作项目。

2）高校主导型，是指以高等学校为主，从学校长远目标出发设立的内部基金项目，或高校自身以其优势而形成的科研、生产联合体，如方正集团（依托北京大学）、清华同方股份有限公司（依托清华大学）、天津鑫茂科技股份有限公司（原名天津天大天财股份有限公司，依托天津大学）等。

3）企业主导型，是指企业通过自己的科研机构或兼并的科研机构，为企业新产品、新工艺开发服务的应用性研究。例如，一汽集团，通过吸纳长春汽车研究所、机械工业第九设计研究院，形成了科研生产一体化集团。

4）三方联合型，指高校、科研院所、企业三方就某一研究项目或研究方向组成的相对稳定或临时的研究、开发、生产联合体。这种形式在北京中关村高新技术开发区及各中心城市高新技术产业区比较常见。

自 20 世纪 80 年代开始，产学研结合作为一种办学模式开始在我国高等职业院校出现并不断深化和逐步完善。

我国高职院校凝聚了大量人才，在人才、技术、信息等方面有较大优势，是我国科技事业发展的重要力量，其在基础科学、应用性成果和高技术前沿研究方面往往具有独特的优势。特别是经过近 20 年产学研结合的理论研究和实践探索的历练，目前，我国高职院校科研实力不断增强，科技成果不断增多，在进行应用性研究和高新技术研究、推动科技成果转化和高新技术产业化、为国民经济建设和社会发展服务等方面都取得了显著成绩。现已形成了合作领域广泛、形式多样的运行模式：高校和企业自主联合进行科技攻关与人才培养；共建研究中心、研究所和实验室；建立科技园区，实施科学研究成果孵化；建立基金会，设立产学研合作专项基金；吸纳企业和社会资金；成立校董会，建立高校高科技企业；高校与地区实行全方位合作等。

我们还应清楚地看到，由于我国的社会主义市场经济体制还处于逐步健全和完善阶段，经济秩序和资源配管的市场化仍在不断规范，产学研结合的效果与社会的需求还存在较大的差距。

高校产学研结合遇到的挑战和阻力也是多方面的和前所未有的，在我国，产学研结合的理论研究和发展实践中还存在不少问题：一方面，我国产学研结合研究起步较晚，人们对其的认识有待进一步提高和深化，对产学研结合模式和运行机制的选定、研究等缺乏较系统的理论指导，缺乏较完备的配套规范体系，缺乏合作主体之间良性互动的利益促进和平衡机制；另一方面，一些人对产学研结合、改革人才培养模式、建立适应市场经济需要的高教管理新体制认识不足，现行的学校内部运行机制也无法促进产学研结合的开展。这些都迫切要求我们加强对产学研结合的研究，特别是要加强产学研结合机制及其发展趋势的研究，摸清其运行的基本规律。

第三节　产学研创理念的提出

一、相关概念

在探讨产、学、研、创的融合之前，首先要厘清四者的概念。先了解其定义，才能找到其共同点、差异点以及融合点。

1．产

“产”从静态层面理解，一般主要指产业或企业；从动态层面理解，就是企业的生产过程或生产活动，即产的任务是“生产以及与生产紧密结合的研发工作和人才培养与培训”。从经济的角度来看，它主要是指产业；从教育的角度来看，主要是指生产过程与生产活动。

在市场经济体制下，企业应该寻找更加适合自身发展的合作方式，以科研机构、高校人才、研究成果输出作为企业发展的动力，同时也可为高校、科研机构提供科技研究和人才培养开发的相关资源。

2．学

“学”也有几个不同层面的意义。“学”是名词，一是指学校或高等学校，二是指学术界或以高校和科研院所为代表的机构，三是指学校内部的教学或学习活动。从教育外部角度来看，“学”主要是指高等院校；从教育内部角度来看，主要是指教学或学习活动。“学”有不同的任务，有人才培养、科技创新、社会服务与师资力量的提升等。高校的人才培养能更加适应企业的用工需求，同时高校也会在输出人才的同时引进企业专业人士对师资库进行充实。

3．研

“研”包含几个层面的意义：一是指科研机构，不仅包括高校，还包括社会上的研究所、研究性的学术机构；二是指科学研究的具体活动。“研”的任务是促使科研成果向现实生产力有效转化，探究和发现新知识，实现知识创新。

借助社会企业的良好平台及资源，科研机构能够在技术开发的同时完成对研究方向的规划，从单纯的技术型研究机构向技术、方向性兼顾的研究机构转型，推动企业以及行业的整体发展。

4．创

“创”到底是什么呢？很多人认为“创”是指创新、创意与创业。这三者之间有什么联系和区别呢？作者的理解：创意主要是指思维层面，如大家觉得“真有创意”是指有一个好想法、好建议，多是思维层面的；创新主要是指方法层面，或者说创新的概念当中有不同的排列组合，是方法层面的；创业主要是指商业层面，即创造好的商机。从先有想法再有方法再到商机，实际上是先有创意，再有创新，最后有创业。在产、学、研、创中，“创”的任务是使用户直接参与产、学、研合作，减少技术创新的盲目性，缩短新产品从研究开发到进入市场的周期，有效降低技术创新的风险和成本。

二、两种视角

角度不同，世界不同；透过不同的视角，对产学研创也会有不同的解读。

☞ **案例**

19 世纪末，美国密苏里州有一个“坏孩子”，他偷偷地向邻居家的窗户扔石头，还把死去的小动物放在火炉里烧烤，弄得臭气熏天。就在他 9 岁那年，父亲再婚，父亲对继母说：“亲爱的，你要好好地注意他，他是全郡最坏的孩子，他让我头痛不已，说不定他明天早晨就会向你扔石头，或者做别的什么坏事，让你防不胜防。”继母好奇地走近这个孩子，有了了解后对父亲说：“你错了，他不是全郡最坏的孩子，而是最聪明的孩子，只是你没有找到发挥他聪明的地方罢了。”继母很欣赏这个孩子，在她的引导下，这个孩子的聪明找到了发挥的地方，后来他成为美国著名的企业家和思想家，这个曾经的“坏孩子”就是戴尔·卡内基。继母以一种欣赏的眼光来看待他，引导他，才使他有如此大的成就。

1．第一种视角：高等教育领域的内部视角

“产学研”，如果从高等教育领域的内部视角来看，产学研创是作为一种人才培养模式而存在的，以培养人才为根本目的，是“教育与生产劳动相结合”的必然要求，是教学、科研和社会生产相结合教学原则的具体要求。高校的教学研究活动要与社会企业的生产相对接，高校培养出来的学生要与生产相对接，即教学活动过程与生产过程相对接，高校进行产学研创活动的根本目的就是培养人才。

作者作为高校教师，主要研究是以高校教育领域内部视角开展的。

2．第二种视角：政治论的外部视角

我们经常会发现教育部的规定或相关文件体现的视角与高校教育领域内部的视角不一样，其侧重的是政治论的外部视角，或者说它侧重的是经济的视角和如何促进经济发展的视角。这些文件以企业为主体，以市场为导向，以产学研创相结合的技术创新体系来共同促进创新系统发展。文件主要强调的就是高校、企业、科研院所等主体如何结合起来推动生产力发展，推动社会经济的发展。高校的书记、校长或是其他决策者，理解“产学研创融合”一定要结合这两个不同的视角。

三、相关文件表述

1．产学结合

1991 年 10 月 17 日发布并施行的《国务院关于大力发展职业技术教育的决定》首次提出“产学结合”一词；1993 年，《中国教育改革与发展纲要》将“产学结合”纳入国家层面规划；1996 年施行的《中华人民共和国职业教育法》明确要求职业教育实行产教结合，要求教育与生产劳动相结合。这里讲到的“产学结合”很明显就是指产业与学校融合起来，促进学校的发展。

2．产学研

1997 年，教育部发出《关于开展产学研合作教育“九五”试点工作的通知》，首次引入产学研合作教育模式；在 2006 年全国科学技术大会上，党中央、国务院明确提出要建设以企业为主体、市场为导向、产学研相结合的技术创新体系；2012 年，《教育部关于全面提高高等教育质量的若干意见》《国家教育事业发展第十二个五年规划》《教育部关于充分发挥行业指导作用 推进职业教育改革发展的意见》《教育部关于以就业为导向 深化高等职业教育改革的若干意见》等文件均提到“产学研”结合的话语体系。这些文件明确提出了“产学研”的概念和方法，尤其教育部在 2002 年、2003 年和 2004 年连续召开三次全国高等职业教育产学研结合经验交流会，时任部长周济做了重要讲话，明确提出“产学研结合是高等职业教育发展的必由之路”。这里把科研引进职业教育，要求职业院校也要具备进行研究、研发的能力。

3．产学研用

2009 年，温家宝总理在一次国务院常务会议上强调“要加大改革力度，以企业为主体，促进产学研用紧密结合”[①]。从“产学研结合”到“产学研用结合”，一字之差，从根本上明晰了产学研合作的本质，即“产学研”最后要落实到企业上，来促进经济的发展。首次提到“产学研用”的文件是 2010 年 7 月发布的《国家中长期教育改革和发展规划纲要（2010—2020 年》，其中要求“推进产学研用结合，加快科技成果转化，规范校办产业发展”。

四、对产学研创的思考

产学研创形成一个闭环流程。先是产业，根据产业来设置专业，就是把生产过程与学校的教学过程进行对接，根据产业来设置专业，在专业的基础上设立研究平台（本科院校讲重点研究室，高职院校讲研究平台，或者说学校把它理解成研究平台），再依托研究平台来开展相应的创新创业，创新创业开展后，孵化出科技性的小微企业，科技小微企业又推动了产业发展，这就是作者所在的学校——

① http://www.most.gov.cn/yw/200905/t20090515-69214.htm.

温州职业技术学院正在进行的产学研创相融合的闭环：有什么样的产业就设置什么样的专业；有什么样的难题就建立什么样的平台；再以平台建设来推动创新创业，通过创新创业来孵化科技型的小微企业，促进产业的发展。其中，以“创”进行融合，“产”中有“学”“研”“创”，“研”中有“产”“学”“创”，“学”中有“产”“研”“创”。产学研创的共同部分是“创”，前三者为基石，“创”在塔尖，以“创”来推动产业发展，以“研”作“创”的基础，推动新技术的创新创业，“学”以专业为依托，开展创新创业。

除了对产、学、研、创的相关概念和内在逻辑关系进行梳理，还有一个词汇可以说贯穿作者研究课题的始终，即“新技术”。在“大众创业、万众创新”的时代，我们越来越感觉到新技术、新产业、新业态扑面而来并迅速发展。人类社会已经经历了三次工业革命，分别是以蒸汽技术为代表的第一次工业革命、以电力技术为代表的第二次工业革命和以信息技术为代表的第三次工业革命。现在以互联网产业化、工业智能化、工业一体化为代表的第四次工业革命已经悄然而至，并开创了经济的新格局。举个典型的例子，2011 年前诺基亚手机占领了全球手机市场的最大份额，但是由于诺基亚手机没有应用智能新技术，这个曾经的手机巨人轰然倒塌，取而代之的苹果、华为等品牌智能手机逐渐瓜分了市场。几年前大家都觉得腾讯 QQ 使用很方便，但最近两三年微信应用广泛。相对于 QQ，微信的操作更方便，沟通更便捷，还加入了红包和支付功能等。这都印证了在生活中的各个方面，新技术都已经扑面而来并影响着我们的生活。

现今的新技术是以云计算、物联网、大数据、人工智能为主的全新技术，不仅给产业带来了深刻影响，也使高校教育和人才培养目标产生了变化。阿里巴巴集团创始人马云对新技术这个问题的认识很深刻。马云在 2016 年举办的第三届世界互联网大会开幕式上做了主题演讲，他指出：“我们回顾最近两百年三次技术革命，每次技术革命的周期都是大约 50 年，而且有一个规律，前 20 年是技术研发的革命，新技术层出不穷，一批批涌现；到了后 30 年，进入技术应用阶段，新技术开始和传统产业相结合，新产业不断出现，真正影响生活的方方面面。”智能化出现了，人工智能化时代也将来临。

如何应对这种扑面而来的新技术革命？马云的观点值得借鉴。他说：“未来三十年是新技术融合到传统产业的方方面面，人类社会会发生翻天覆地变化的三十年。不管你是什么人，不管你身处哪里，每个人都会是这种大变革的一部分。”也就是说，新技术带来的革命无处不在。为什么马云企业做得那么大？他对这种敏感性把握特别强。

例如，打火机制造业是温州的传统产业之一。温州的打火机制造业占到全球打火机市场 70%的份额。传统打火机要么使用液化气，是一次性的，价格比较便宜，一元一个，要么是可充气或油的，可循环使用。而现在温州制造的打火机是什么样的呢？如图 2-1 所示，现在很多打火机有 USB 接口，不再使用液化气。这样的改变，不仅使打火机运输更加安全，价格也更实惠，造型还很时尚。这就是新技术给传统产业带来的颠覆性变化，原来的工艺如防风、防火、加装液化气等都将被淘汰。新的技术会产生新的工艺、新的流程、新的产品。现在这种打火机已经远销欧洲国家、美国等，接下来也会在国内得到普及。

图 2-1　温州制造的 USB 接口打火机

作者举出这个例子，是想体现新技术扑面而来，我们每个人都是科技大浪潮中的一分子，高职院校的领导者或是决策者应该深刻思考：在新技术前面，我们的教育应该怎么变？习近平总书记在参加全国政协十二届一次会议科协、科技界委员联组讨论时的讲话中指出："当今世界，新科技革命和全球产业变革正在孕育兴起，新技术突破加速带动产业变革，对世界经济格局和竞争格局产生了重大影响。"[①]习总书记的一番话表明国家对科技发展趋势有着深刻而准确的把握。中国在前面几次的产业变革中已经落后于西方几百年，要想引领世界的发展，就要在第四次工业革命中实现"弯道超车"，要引领世界的发展。马云、马化腾就是很好地利用新技术应用促进产业变革、实现"弯道超车"的典型例子。

刘延东副总理分管教育，她对教育有更直接的指示。2016 年 10 月，她在湖北调研时指出，"要把握新科技革命和产业变革的趋势，主动适应新产业、新业态、新技术发展，推进学校教育与行业企业协同，吸引社会资源投入，形成需求导向的专业机构和强化创业就业能力的人才培养结构"[②]。温州职业技术学院就是按照刘延东副总理说的这个方向来做的，把学科改成专业。2015 年，教育部专门发布了《关于引导部分地方普通本科高校向应用型转变的指导意见》，倡导地方本科院校向应用型本科院校转型。以服务新产业、新业态、新技术为突破口，形成一批服务产业转型升级和先进技术转移应用特色鲜明的应用技术型大学或学院。这就是本书前面讲到的：地方高校发展之路应是产学研创的深度融合，体现区域性、高等性、应用性（对职业院校来说就是区域性、高等性、职业性）。

第四节　新技术应用的相关理论

高职新技术应用教育是以新技术产生、转化以及将创新思想应用于技术开发

① 中共中央文献研究室，2016．习近平关于科技创新论述摘编[M]．北京：中央文献出版社．

② http://ww.xinhuanet.com//politics/2016-10/15/c_1119724170.html.

以实现社会和经济发展为中心的教育，具备专业化和综合化的特征。制造业全方位智能化实现了“机器换人”，将一线生产人员和技术人员从原本单调、程序化的工作中分离出来，使其能够将更多的精力和专业知识应用于创新和改进生产流程、工艺技术，从而实现生产过程的创新和产品的增值。

基于新技术应用的理念，机器和人之间的分工出现了新的变化，技术人员更多地行使创新与生产决策的权力，从简单的操作机器转变为流程再造、工艺提升、复杂操控和生产规划。因此，产业升级和新工业革命的演进，对人的运用新技术能力、专业知识转化能力、组织及沟通能力、创新精神、市场分析和洞察能力提出了更高的要求。这就需要高职院校将新技术应用理念融入原有的教育模式和人才培养方案中，打破原有的单一专业化的培养模式，既需要不同专业之间相互渗透，实现跨学科的研究与教学，也需要将创新创业精神与专业教育相结合，强化真实的实训实践活动，这是经济和社会发展所推动的，也是现代高职教育发展所必需的。

（一）可持续发展的理念

可持续发展的理念最早由联合国世界环境与发展委员会提出，该机构在关于人类未来的报告《我们共同的未来》中指出可持续发展应该能够同时满足当前人们及其后代的需求。这一观点首先被应用于经济发展领域，并随着产业发展和技术进步逐渐扩展至环境可持续发展及社会可持续进步领域。

高职教育的可持续发展与教育、社会的可持续发展目标相一致，从服务产业角度分析，高等职业院校需要培养各行各业需要的应用型、技能型人才，其专业设置、人才培养目标需要与技术进步和产业升级相匹配，以此推动经济的发展；从高职院校自我提升角度分析，可持续发展理念能够帮助高职院校更好地应对自身发展过程中的机遇与挑战，凸显特色，提升竞争力。

可持续发展理念是高职院校培养新技术应用型人才的核心理念。通过树立可持续发展理念，高职院校的新技术应用教育能够更加契合社会发展需要，为社会直接或间接地提供技术应用型人才，提升人才培养质量，实现整个教育模式和体系构建的流畅性、灵活性和独创性。

可持续发展，是高职院校树立科学的发展观、进行新技术人力资源可持续开发与创新发展的重要理念。在经济发展领域，可持续发展理念体现在注重“经济和社会循序渐进的变革”上，在此基础上，高职院校进行人才培养，需要以新技术为推动，设置专业以市场需求为导向，高职院校还应以可持续发展理念作为行动的指导，尊重职业教育发展的规律，厘清自身的传统经验、现实困境和未来出路，清楚自身发展的优势与发展前景，以突破现实的瓶颈，寻求新的出路。

（二）技术创新方法理论

技术创新方法理论，是由苏联学者阿利赫舒列尔（Altshuller）于 1946 年创立的，又译为“发明问题的解决理论”，阐释的是关于技术进化的原理。Benhabib和Spiegel（1994）发现人力资本通过技术创新与技术模仿间接促进经济增长，指出教育在提高常规工作劳动生产率方面的作用很小，因为常规工作中对成熟的生产流程进行改进的机会有限，但是教育对于需要不断变化和创新的岗位尤为重要。而正确的教育方法有助于高职新技术应用教育的有效开展和人才培养效率的提升。树立创新方法的理念，能够实现技能的自我生产，即一种技能的形成可以增强下一时期获取技能的能力。Cunha和Heckman（2007）认为新技术应用人才培养过程不仅意味着上一阶段掌握的专业技能的产出能够持续至下一阶段，而且体现了新技术的提升和相互之间的促进，从短期来看是改善资源的分配，从长期来看是适应组织的新技术和形式。

2008年4月，科学技术部等四部委联合印发了《关于加强创新方法工作的若干意见》，将“自主创新，方法先行”作为各领域人才创新思维培养的指导思想，目的是通过掌握创造性思维方法，提升人才创新实践的能力。对于工程技术者而言，技术创新方法的应用是重点。可以说，技术创新方法理论为高职院校新技术应用人才培养提供了有效的指导方法。新技术应用在本质上是将创造性解决问题的方法作为推动新技术产业发展的内动力，从而实现技术传递与技术创新的指导性理论。“技术创新方法作为解决技术问题或发明问题的强有力的方法，重点是建立解决问题的模型及明确致命问题解决策略的探索方向，为人们创造性解决问题提供科学的方法和规则。”在此基础上，将发明问题的解决理论与现代职业教育特色相结合，运用创新方法理论培养学生创新思维和创造性解决技术难题的能力，启发他们不断地在技术应用中解决各种技术问题，最终形成技术反思能力，以推动产业发展与技术升级。针对不同教育阶段采用不同的方法，进行不同类型的投入，将新方法、新技能分阶段地嵌入整个教育体系和人才培养各个阶段，使不同的能力形成阶段运用不同的新技术，能够提高学生的创新意识，促使其掌握专业技术理论和实践方法，进而提升高职院校新技术应用人才培养的质量。

（三）针对性实践理念

Becker和Murphy（1988）认为，教育水平越高、实践经验越多的人对技术变化越具有适应性，同时有促进技术变化的能力。专业性的实践使分工深化，使经济产生规模递增的收益，同时也使经济的协调成本上升，但是知识和实际经验的进一步积累降低了协调成本，导致分工的不断深化和经济的持续增长。因此，高职院校新技术应用教育必须落脚在对学生实践能力的培养上，以“新技术应用创新”为核心，要求学生在掌握理论知识和专业技术知识的基础上灵活运用创新的方法和思维，通过企业真实的项目，形成具有新颖性、创意性、革新性的应用性成果。

高职新技术应用教育的针对性实践理念从根本上体现了高等职业教育的最本

质特性，能够在实践过程中增强学生的动手、动脑能力，培养学生应用创新方法的能力，提升学生的创新意识，激发创新精神。针对性实践理念的树立在微观层面有助于培养学生的求知欲与创新精神，在宏观层面则有助于推进素质教育、能力培养由观念和理论层面向实际、需求满足层面发展，也有助于推进新技术应用教育理念的普及。

历史经验表明，教育水平越高、实践能力越强的人应对技术变化的能力也越强，他们不仅能够更好、更快地适应新环境，也能在新环境中产生新的想法，以激发个体独特的创造性，反过来推动产业的调整与技术变革。在当前“大众创业、万众创新”的时代发展主流形态下，促进大众进行内创业，就是激发每个人自我超越和自我创新的热情与动力。高职院校新技术应用人才培养实践必须树立“以实践为起点”的职业教育理念，以“新技术应用创新”为导向，培养学生的创新思维和创业能力，深入开展“引企入教”改革，建立学校、政府、社会三位一体的协同创新机制，通过校企联合的技术项目实践，激发学生内创业的热情和动力，教会学生运用创新方法改革实践。

第三章　产学研创协同机制下高职院校培养新技术应用人才的实践

第一节　产学研创协同机制研究的方法

方法是关于解决思想、说话、行动等问题的门路、程序等。高职院校产学研创协同机制研究的方法是研究解决我国高职院校产学研创协同机制问题的出路和对策的方法，主要包括系统方法、自组织理论方法、比较分析法、实证分析法、深度访谈法等。

一、系统方法

系统方法，包括系统论、信息论、控制论，都是自然科学和工程技术方面的方法论。系统方法强调系统的整体性与平衡性以及与周围环境的和谐适应，产学研创协同机制的研究方法首先必须着眼于系统方法，既要研究组成产学研创结合系统的各个要素间的相互关系，又要研究相互作用的各要素是怎样通过各个层次的整合形成一个统一的整体的。所以，从系统方法的角度看，产学研创协同绝不是大学、科研院所和企业功能的简单相加，而是它们之间相互作用从而表现出系统整体性功能。它们作为分属不同系统的子系统，受不同的外界环境影响，各有特点。因此，产学研创合作受多方面因素的影响，涉及科学、技术、经济、社会、政策以及合作主体利益等众多问题。

二、自组织理论方法

自组织是指系统在没有外界指令的情况下，自发地实现某种内部模式的过程。自组织理论将“组织看作是由相互依赖的变量所组成的一个系统”，如果系统在获得空间的、时间的或功能的结构过程中，没有受到外界的特定干预，我们便说系统是自组织的。形成系统的组织方式可分为两大类：一是自组织，是指组织指令和组织能力来自系统内部；二是他组织，是指组织指令和组织能力来自系统外部。如果说系统理论主要研究了系统的结构与功能，揭示了既存系统是如何通过信息反馈来控制系统、维持系统稳定的，那么自组织理论则深入地研究和揭示系统是如何产生，如何利用信息交流将不同部分组织起来而形成整体，以及系统如何演化等问题。

产学研创结合的自组织原理是指产学研创结合系统各个要素并非靠外部力

量，而是靠自身各要素的协同作用，自发地实现各要素的支持和相互作用，从而实现产学研创系统合作的过程机制。因此，系统中各要素或子系统间的非线性相互作用是系统有序演化的根本机制。在非线性作用下，系统产生整体性行为，产学研创结合过程中各要素间的非线性作用主要体现在以下方面：①创新主体内部资金、技术、劳动力之间的反馈作用；②研究开发、技术创新、市场创新的相互作用；③创新活动过程中产学研各要素之间的协同作用。

产学研创结合是一个自组织过程，从自组织理论方法看，在市场经济条件下，必须建立起能够有效地实现产学研创结合的组织创新体制，使产学研创各方都能够充分发挥各自的优势和潜力，形成协同作用，从而充分发挥整体的优势。

三、比较分析法

比较分析法亦称指标对比法或对比分析法，是对事物互相联系的因素，从发展变化上进行对比分析，从数量上确定差异，从而分析、判断和决策的一种方法。这种方法一般以经济效益为尺度，即将投入和产出货币化后进行分析，它是经济活动分析的基本方法。比较分析法是用得最多、最广泛的一种分析方法，其作用在于揭露矛盾、评价业绩、揭示不足、挖掘潜力。在产学研创结合过程中，运用比较分析的方法，可以比较清楚地看出产学研创各要素之间计划任务的完成情况、发展变化情况以及与国外产学研创合作的先进水平相比的差距，它是我们研究我国高职院校产学研创结合中存在的问题和不足的一种有效方法。

四、实证分析法

实证分析法具有两个明显的特点：一是以对体验事实的观察、分析为依据来建立和检验各种理论；二是在事实领域之外，运用逻辑和纯数学知识。实证分析的具体方法有社会调查的方法、历史分析的方法、逻辑分析的方法。在产学研创结合中，运用实证分析的方法，可以清楚地了解到产学研创结合发展的历史和现状，特别是通过对现状的分析，可以预测出产学研创结合发展的趋势，特别是我国高职院校产学研创结合的发展趋势。

五、深度访谈法

深度访谈的主要目的在于通过与学院领导、产学研各部门的负责人、院系及研究所负责人、教师及学生、企业负责人及参与人面对面的访谈，进一步梳理作为典型研究案例的温州职业技术学院从产学结合到产学研创结合的历程，获取其新技术应用人才培养的第一手资料。了解高职院校在产学研创运行过程及模式选择中存在的问题和经验做法，为进一步总结和凝练具有广谱性、可推广性、典型性的高职院校产教深度融合、校企政共同育人模式及绩效评价提供切实可行的理论依据和实践模式。

第二节 以产学研创协同为基础，培养高水平的职业人才——以温州职业技术学院为例

为贯彻落实全国和浙江省高校思想政治工作会议精神，温州职业技术学院聚焦立德树人这一根本任务，将思想政治工作贯穿于教育教学全过程，以实践育人为抓手，着力推动“三个深入”，即推动“学院育人”向“合作育人”深入、“单一课堂”向“多元课堂”深入、“实践育人”向“双创育人”深入，推进学院思想政治工作迈上新台阶。

一、搭建全方位育人平台，推动“学院育人”向“合作育人”深入

1）开展校政合作育人，坚持“大战略到哪里，学院布局就跟到哪里”的理念。温州职业技术学院与瑞安市政府共建瑞安学院，与瓯海区政府共建温州设计学院，与浙南科技城共建智能制造孵化器，实现政府搭台、学院唱戏、共育人才。

2）开展校行合作育人，坚持“与民营经济互动、与行业企业共赢”的传统。温州职业技术学院与行业共建中国鞋都学院等 6 个与区域支柱产业紧密结合的二级学院，实现互惠共赢，提升育人质量。

3）开展校企合作育人，坚持“产教融合、校企合作”的途径。温州职业技术学院与 736 家企业建立合作关系，校企合作办专业，实现由顶岗实习、订单培养到现代学徒制的递进，形成高校、企业、社会合作育人、多赢共进的良好局面。

二、搭建“三课堂”联动育人平台，推动“单一课堂”向“多元课堂”深入

1）第一课堂由“思政课程”向“课程思政”转变。在发挥思政课主渠道作用的基础上，强调专业课育人作用，制定专业课教学大纲和育人大纲，将工匠精神和德育元素渗透于人才培养中。

2）第二课堂由“养成教育”向“自信教育”转变。在第二课堂行为养成教育的基础上，学院把握学生特质，以兴趣为导向提升专业自信，以乐趣为导向提升成长自信，以志趣为导向提升文化自信，力求使学生有自信。

3）第三课堂由“社会实践”向“主题实践”转变。在第三课堂社会实践的基础上，结合“新青年下乡”活动，积极组织学生投身到“剿灭劣 V 类水”“三改一拆”等省市委中心工作中去。

三、搭建“训研创”一体化育人平台，推动“实践育人”向“双创育人”深入

温州职业技术学院主动把握新一轮科技革命和产业变革的趋势，倡导“以明

天的技术，培养今天的学生，为未来服务”，培养新技术应用的创新创业人才，着力打造以实训为基础、研发为动力、创新创业为导向的“训研创”一体的实践教学体系，培养学生的实践能力、创新能力和创业能力。学院国家级众创空间已孵化科技型小微企业 14 家，在孵企业（工作室）39 家。创业典型不断涌现，学生毕业一年后自主创业率达 8.45%。

正是因为学院坚持实践育人，推进思想政治工作，才促进了人人成才，人人出彩。温州职业技术学院荣获 2016 年浙江省高职人才培养质量评价第一名；连续 11 年毕业生就业率达 98%以上，涌现出一大批年薪 30 万元的毕业生；实现不到 50%的温州生源，却有 67%留在温州工作。2018 年 3 月，温州职业技术学院成功入选浙江省高职重点校，巩固提升了温州高职院校在全省的“铁三角”地位。努力把学院打造成为温州城市建设的“金名片”，再创职业教育新辉煌，为我国职业教育提供“温州样本”与“温州经验”。

第三节　立足区域发展需要，充分发挥产学研创融合优势——以温州职业技术学院为例

在办学实践中，温州职业技术学院逐渐摸索出一条产学研创深度融合、培养新技术人才的发展之路，准备打造高职教育“四大高地”：一是强化校企合作，打造产教融合的高地；二是强化培养质量，打造新技术应用人才培养的高地；三是强化服务区域能力，打造“立地式”技术服务的高地；四是强化双创能力，打造创新创业的高地。实现“五大转变”：一是把办学理念真正转到提升内涵上来，内涵就是人才培养质量；二是把办学方向真正转到服务地方经济上来；三是把办学路径真正转到产教融合、校企合作上来，或者说转到产学研创、校企合作上来；四是把办学重心真正转到培养高素质技术技能人才上来；五是把办学目标真正转到增强学生创新创业能力、全面提高学院服务区域经济社会发展和创新驱动发展的能力上来。

（一）强化校企合作，打造产教融合的高地

产教融合是职业教育的本质属性，应用性地方高校的教育本质也应该是产教融合。国家与地方政府都很重视产教融合，上至李克强总理，下至每位省长、市长，他们的要求很明确，即高校办起来，到底有什么用？从政府的角度要促进经济社会发展，例如培养人才，为经济社会发展服务；研发出来的科研成果要转化为现实的生产力，促进经济社会发展。这些要求是很清晰的。

从高职院校办学初衷出发，坚持产教融合发展是职业教育的本质，但是职业教育怎样才能真正做到产教融合？国家层面出台了很多文件，但职业院校在融合

发展实践中仍面临着各种机制、体制方面的障碍。如何突破这些障碍，充分发挥高职院校的办学和人才培养优势，助力区域和地方经济社会发展，温州职业技术学院经过探索和实践，走出了一条既具地方特色又具有可借鉴性的新时代高职教育的产教融合之路。

1. 谋划与国家省市重大发展战略融合的布局

2017 年 1 月 5 日，《光明日报》刊登了作者的署名文章《“浙江样本”：大战略到哪里，学院布局跟到哪里》，作者在文章中阐述了温州职业技术学院为中国高等职业教育提供浙江样本与浙江经验的一些做法，其核心理念就是谋划与国家省市重大发展战略融合的布局，因为温州职业技术学院是温州市政府主办的，所以学院必须坚持为地方经济发展服务的战略指导思想，“大战略到哪里，学院布局就跟到哪里”。大战略包括国家战略、省战略、市战略，如国家层面有创新驱动发展战略；浙江省则有“八大万亿产业”战略等，通过科技创新推动经济发展，产生经济的新动能。

具体如何布局？例如近几年，浙江省明确提出了创新驱动发展战略和特色小镇建设战略，相对应地，温州市提出建设瓯海时尚智造小镇（省级特色小镇）和打造浙南科技城战略。温州职业技术学院紧密对接浙江省和温州市的发展战略，形成了“一体两翼、多点布局”的发展格局。“一体两翼”指以茶山本部为主体，以瑞安校区的瑞安学院和仙岩校区的温州设计学院为两翼；“多点布局”指以瑞安学院服务县域经济发展为面、以温州设计学院服务温州鞋服产业为线、以浙南科技城的温州智能制造孵化器为点。

☞ **案例 1**

温州职业技术学院与瑞安市政府共建二级学院——温州职业技术学院瑞安学院。2012 年，瑞安市政府主动要求与温州职业技术学院共建温州职业技术学院瑞安学院。瑞安是中国百强县、“中国汽摩配之都”，而温州职业技术学院设有阀门、汽摩零部件专业，模具设计与制造是国家示范性重点专业，专业设置与瑞安的产业布局高度吻合。瑞安市政府实行“交钥匙”工程，拿出 5.6 亿元，建成占地面积 300 亩（1 亩≈666.67 平方米）、建筑面积 9.6 万平方米的瑞安校区，交付学院使用；学院则以定制服务的理念，设置与瑞安市支柱产业紧密对接的专业 9 个，为当地企业培养本土人才。2016 年 9 月，瑞安学院正式开始招生，这个校区今后的发展规模是 2000 人。建设这个校区，瑞安市政府看中的是与温州职业技术学院联合办学的高契合度与共享度；温州职业技术学院看中的是新的场地，原校区占地面积有限，学院即使有费用，教学设备买回来也无处安置，所以新建温州职业技术学院瑞安学院，双方一拍即合。温州职业技术学院的目标是努力打造混合所有制二级学院的示范、中高职衔接的示范、服务县域经济的示范，瑞安学院的生源没有一个是通过高考招来的，全部来源于中高职衔接以及自主招生。

☞ **案例 2**

温州职业技术学院与瓯海区政府合作共建温州设计学院。温州职业技术学院的鞋服及家具等设计专业在温州乃至全国行业内都有较高的知名度，瓯海区政府主动对接学院建立温州设计学院，并选址在省级特色小镇——温州时尚智造小镇，这也是浙江省高校直接到特色小镇办学的首创之举。瓯海区出资 2.2 亿元建设校园，并提供建筑面积 3 万平方米的大楼。温州设计学院打破传统的“教室”建设理念，按照创新创意工厂的模式来进行建设，没有传统的教室，没有操场，有的就是创新创意的工作室，有的就是像阿里巴巴集团等大型企业的研发或应用场所，将国际大师、国内大师吸引到这个校区，以创客空间、大师工作室、设计工坊等形式，打造优秀设计人才的集市、时尚设计作品的集市、先进设计技术的集市等，加快省级特色小镇建设，促进温州鞋服传统产业的转型升级。

☞ **案例 3**

温州职业技术学院与浙南科技城共建温州智能制造孵化器，推动创新驱动发展战略的实施。2016 年 5 月，时任温州市委副书记、市长张耕到温州职业技术学院调研产学研合作工作，对温州职业技术学院的办学给予了高度评价，认为“看到了温州智能制造产业的新火种”，并且《浙江日报》整版文章报道了温州职业技术学院的发展之路。之后，温州职业技术学院与浙南科技城共建智能制造孵化器，以“城城对接、双城联创”的模式，在大学城建创新园，在浙南科技城建创业园，由大学城创新园进行项目培育、样机试制，项目初具规模后入驻科技城创业园进行企业孵化、产业培育，最后入驻产业园、小微园实现产业化，来推动小微企业的发展。30 年前温州人的创业是基于市场要素不平衡，现在温州人的创业应该是从创新到创业，没有科技含量的创新就不会产生创业，只有具备科技含量的创新才能促进创业。

2. 构建与区域支柱产业相契合的专业布局

温州职业技术学院设置专业的理念是“温州有什么样的支柱产业，我们就设置什么样的专业”。用一句通俗的话讲，温州职业技术学院的专业发展史就是温州产业的发展史，在温州职业技术学院看到有什么样的专业，就能知道温州有什么样的支柱产业；温州有什么样的支柱产业，肯定可以在温州职业技术学院找到相应的专业。如果学院有哪些专业办不下去就不办了，那在温州市该产业肯定要走向衰落。学院哪方面招生不好，就能反映出温州经济产业哪方面发展不好。前一段时间，温州职业技术学院鞋样设计专业招生很困难，没有以往火爆，其他专业个招生名额可以吸引十几个人报名，而鞋样设计专业一个招生名额只有五六个人报名，这反映出现在温州的制鞋产业不如以前了，事实也确实是这样。现在温州市委市政府提出“510产业培育提升工程”，即提升五大支柱产业、培育十大新兴产业。“十三五”期间，温州职业技术学院将进行专业的优化与集群，对接省八大万亿级产业和温州支柱产业，构建“以智能制造为主体，时尚设计为特色，现代服务协调发展”的三大专业集群，打造先进装备制造、智能电器技术、信息技术应用、时尚产品设计、中小企业经营管理五大优势特色专业群；要适应工业4.0时代的需要，引领区域产业的发展。

3．开展混合所有制办学

混合所有制办学是混合所有制经济形式在职业教育领域的迁移、深化和创新，是经济新常态背景下职业教育领域的一次重大的理论创新和实践探索，被认为是职业教育体制机制改革的重要突破口。国务院2014年发布的《关于加快发展现代职业教育的决定》提出“探索发展股份制、混合所有制职业院校，允许以资本、知识、技术、管理等要素参与办学并享有相应权利”。混合所有制办学如果办得好，会激发产教的活力，会吸引更多的产业资源、行业企业的资源到高职院校进行办学。例如，温州职业技术学院与瑞安市政府共建温州职业技术学院瑞安学院，瑞安市政府出资5.6亿元，并引进上市公司——瑞立集团来共建“教学工厂”。温州职业技术学院吸引瓯海区政府投入2.2亿元建设温州设计学院，引入国外著名产品设计师与设计机构，探索技术资本合作模式，与知名大师共建股份制大师工作室，这些大师工作室兼具生产功能、研发功能、应用功能。在浙南科技城，依托温州智能制造孵化器，引入多家风投资金，共同建设浙南科技城创业园。温州职业技术学院出台教师和学生自主创业的鼓励政策，提供初创风投资金，鼓励师生共创股份制科技型小微企业，支持创新项目培育和创业企业孵化。现在地方政府对校地混合、校企混合所有制办学的指导性意见和政策还没有明确的法规条款，温州职业技术学院正在现有政策条件下积极探索有效的实现形式和途径，制定符合本校的混合所有制办学制度。

4．开展与新兴产业对接的社会培训

温州职业技术学院开展社会培训的理念是“温州有什么样的新兴产业，我们就开展什么样的培训”。对接支柱产业，“区域有什么样的产业，我们就设置什么样的专业”，对接新兴产业，从培训入手。温州市政府需要培育什么新兴产业，学院并不马上上马对应的专业，因为万一专业设置起来，产业却上不来，专业还是死路一条，对学院发展也有影响，因此要培训先行。例如，温州市现在正在大力发展S1、S2市域轨道交通，预计会需要大量的员工，希望由温州职业技术学院来输送相关人才。但本校缺乏师资和专业支撑，怎么办？于是，温州职业技术学院联合华东交通大学，与该校一起为温州市铁路与轨道交通投资集团有限公司培训轨道运营人才。在培训过程中，温州职业技术学院的管理者发现，未来温州的轨道交通运营管理人才缺口非常大，于是 2016 年经浙江省教育厅批准，温州职业技术学院设置了城市轨道交通运营管理专业，并从 2017 年开始对外招生。可以说，温州职业技术学院不仅进行人才培训，还从培训当中发现了与专业建设相关的内容。这源于温州职业技术学院一贯倡导的“培训-专业-平台”一体化建设理念，在专业建设过程中要向两边延伸，一边向研发端延伸，一边向培训端延伸，通过培训建专业，在专业的基础上建平台。

5. 在课程上与企业对接

课程要与企业生产过程对接已经是老生常谈的话题，但是知易行难。温州职业技术学院的做法是，对教学内容重新进行设计，一般高职院校每学期要上 18 周课，而温州职业技术学院每学期只上 16 周课，另外两周为“综合实践周”，用以开展综合实践项目。综合实践项目是什么？就是让学生针对企业的真实项目，把在这门课上所学的分散的知识点、技能点串点成线来开展综合实践的教学设计，目的是提高学生的综合实践能力，提高学生能力与企业需求的契合度，解决企业的真实难题。现在全校所有专业核心课程和部分专业基础课程共计 279 门全部按照综合实践的改革项目进行了改变，可以保证学生每学完一门课，就可以做一家企业的项目，真正实现教学过程与生产过程的无缝对接。这样一来，学院的办学质量有了保证，办学效果得到提升，办学的影响力也相应地提升了。

2016 年 6 月 28 日，教育部召开了主题为“高职教育质量显著提升，一批高水平院校快速成长”的新闻发布会，这是 1999 年以来教育部首次以高等职业教育为切入点召开的新闻发布会，通过这次发布会教育部向外界传递了“职业院校一样可以培养出高质量的人才”的信号，作者（时任温州职业技术学院院长）作为受邀的三位专家代表中唯一一位院校代表在新闻发布会上做了典型发言。其发言涵盖三个主题，即“区域有什么样的支柱产业就设置什么样的专业，区域有什么样的企业难题就建立什么样的服务平台，区域有什么样的新技术需求就培养什么类型新技术应用的创新创业人才”，通过专业共建、技术研发、创新创业三位一体来进行办学实践。此次发言反响很好，影响力很大，《人民日报》、国务院新闻办公室对这 8 分钟经验讲解进行了详细介绍。

目前浙江省高职院校共有 49 所，每年由浙江省教育评估院对人才培养质量进行评估。温州职业技术学院 2016 年的人才培养质量在全省 49 所高职院校中排名第一，毕业一年以后与毕业三年以后人才培养质量评价全部排名第一，创下了不到 50%的温州生源却有 67%的学生留在温州工作的毕业生就业记录。温州职业技术学院能够让 67%的毕业生留温工作，就源于其始终坚持“区域有什么样的支柱产业就设置什么样的专业”的办学理念。温州职业技术学院除常规的教学经费以外，五年来从企业、政府等渠道，通过产教融合的途径吸引了6亿多元的经费为办学所用，反映出学院办学质量的进一步提升，并得到地方政府和社会的认可。例如，温州职业技术学院与温州市旅游局共建温州酒店管理学院，吸引了旅游局连续三年拨款共计300万元。

温州职业技术学院现有专科专业35个，形成了以工科为主，设计类、经管类协调发展的专业群；学院被温州大学包围，刚好在高教园区温州大学中间，因此其充分利用温州大学的资源，与温州大学共办本科专业2个。温州职业技术学院是浙江省首批四年制高职培养试点院校，其还与温州大学一起共建硕士研究生联合培养点，温州职业技术学院有8位教授成为温州大学硕士研究生导师，相关的硕士研究生第一年在温州大学学习，第二年、第三年在温州职业技术学院学习。现在温州职业技术学院共有硕士研究生5人、本科生150人、专科生超10 000人，已经形成“专科-本科-硕士”一体化培养模式。2014年的国家级教学成果奖，温州职业技术学院一共拿了两个国家一等奖，职业教育的国家级教学成果奖一等奖只有50个，高职院校共32个奖项中温州职业技术学院拿到了2个，温州职业技术学院还是教育部首批现代学徒制试点单位，这些都从侧面反映出温州职业技术学院办学质量的提升，《人民日报》专门对全国一百所国家示范高职院校进行了影响力排行，温州职业技术学院名列第八。

（二）强化培养质量，打造新技术应用人才培养的高地

除了要分析新技术革命扑面而来给高等职业教育带来的冲击和机会以及新形势下高职院校的应对办法外，作为高等教育的实施者，高等职业院校必须将理念落地，形成新时代培养新技术应用人才模式。作者从工作实践中的点滴入手，对新技术应用人才培养进行了抽丝剥茧式的分析，期望能将理念落地，形成当代高职教育理论与实践“顶天立地”之势。

1. 新技术的特点

（1）层出不穷

新的时期会产生新的技术。例如，2000年以前，电子商务还属于新技术，当时温州职业技术学院开设了很多与电子商务相关的专业。但是现在电子商务早已不再是新技术，电子商务这个专业的就业率明显降低，社会需求也明显减少。这说明新技术具有更迭较快、层出不穷的特点，现在的新技术就是指与智能化、大数据、云服务、“移动互联网＋”等相关的技术。

（2）起点平等

面对新技术，使用者是站在同一起跑线上的，这也是温州职业技术学院有信心、有能力培养新技术人才的原因。微信刚刚推出的时候，会使用的人寥寥无几，谁先会使用谁就先掌握了先进技术，先享受了方便。

2．新技术应用的特色

（1）基于“互联网＋”技术

基于开放共享，或者说基于移动互联网、智能化等的发展，很多新技术可以通过网络来实现，也可以通过开源技术来实现，并且能不断改进。马云说过，未来 30 年基本上是技术的应用，技术被应用到社会方方面面、各行各业。他认为互联网是没有边界的，它是一种技术、一种思想、一种未来，如果说过去的发展是基于石油和煤等传统意义上的能源，那么未来技术的发展会基于新的能源，那就是大数据。

（2）无须深厚的理论基础

只要掌握了新技术应用，就无须再研发新技术。研发新技术是研究型大学、科研院所的职责，但是对新技术进行应用是地方高校的责任。如果研发出新技术，地方高校没有去应用，国家的创新驱动发展战略就难以落实。现在很多专利、科研成果被锁在实验室，锁在抽屉里，没有应用于实际。在本科院校工作的经历使作者深刻体会到新技术的应用无须掌握很深的理论基础，当前高职院校需要做的是研究如何更好地应用新技术。

（3）基于企业的真实需求

所有的项目来自企业生产过程，也就是说新技术的应用源于企业生产过程中出现的问题和不足，这是高职院校应用新技术的动力。

《2017～2018 年全球竞争力报告》指出，中国的整体竞争力虽然排名第 27 位，但是对新技术的应用程度排名靠后。浙江省《政府工作报告》提出的八大万亿级产业大多与新技术新产业有关，温州市“机器换人”投资增幅连续两年居全省第一，温州市正大力以科技创新驱动经济转型升级。以前培养的是在流水线上工作的人，现在倡导“机器换人”，人工要做的这些活儿都可以被机器替代，所以今后我们要培养控制机器的人，进一步提升新技术的应用水平。

3．具体做法

如何才能推动新技术应用人才的培养？温州职业技术学院的做法是“以明天的技术，培养今天的学生，为未来服务”，占领新技术应用人才培养的新高地。具体做法如下。

方法 1：申报新技术应用专业。

企业对新技术应用最为敏感，温州职业技术学院在为企业提供培训服务的过程中可以发现需求，根据新需求建设新技术应用的教材库、案例库、项目库，进而申报新专业，新专业再根据企业难题开设新平台，形成了“培训-专业-平台”一体化建设思路。以往的新专业建设，往往不是以需求为导向，而是自己有什么师资就办什么新专业。这种以资源为导向的新专业现在基本不允许申报，因为这种新专业与老专业容易形成同质竞争，造成资源浪费。现在申报新专业，必须首先对新技术应用项目库中来自企业生产一线的项目进行教学化设计，之后才允许引进课堂。学院明确规定学生进行毕业设计的项目要么是新技术应用项目，要么是企业的真实项目，或学院要参与技能竞赛的项目，其他的项目不允许给学生做毕业设计，不允许给学生做毕业论文。在指导老师建议下，学生按照三大类项目选择题目。

方法 2：建立新技术应用的实训体系与基地。

职业教育特别注重实践教学，特别注重培养学生的动手能力，但是在今后的时代发展中，仅仅具备动手能力是不行的。如果一个学生只具备动手能力，只具备与工作岗位无缝对接的能力，当新技术出现引起产业变革、流水线更新换代时，他也会被淘汰。因此，高职院校要以能力为主线，以实训为基础，以研发为动力，以创新创业为导向，建立“训研创”一体的实践教学体系与实训基地。温州职业技术学院明确规定，每个研发平台的每位指导教师必须指导 10 名以上的毕业生，把原来打造的教学工厂变为创新创业工厂，对原本用于学生实训的实践教学基地进行改建，改建后的实训基地要能让学生进行创新创业，实现“新技术应用实训—新技术应用研发—新技术应用的创新创业”一体化的实践教学运行机制。温州职业技术学院现在正在建设智能制造实训中心，学院投入 800 万元，以“训研创”一体化为标准，对原来机械系的实训基地进行改造升级。

方法 3：以新技术改造传统专业。

企业有需求，但是学院没有这样的专业，通过共同培养这样的专业，学院进一步感受到了新技术应用对人才的需求，新技术扑面而来，新技术教育应该要马上跟上。现在虚拟现实（virtual reality，VR）技术很流行，VR 技术人才非常紧俏。在浙江省，很多高职院校都计划培养 VR 技术应用人才，但目前仅有温州职业技术学院已经成功输出了能开展 VR 建模项目的毕业生。温州职业技术学院抢占先机培养 VR 技术人才的灵感来自于企业主动寻求 VR 建模人才，当时学院也没有这样的专业、老师，但是这是一项新技术，是未来发展的一个新方向，老师主动性也很强，企业研发人员与老师共同组成一个 VR 建模人才培养小组，老师去企业接受培训，回来以后再与企业研发人员一起摸索，一起培养 VR 技术人才。

温州职业技术学院是在什么样的情况下开始培养 VR 建模人才的呢？早在 2008 年，温州职业技术学院的数字媒体应用技术专业已经开设了三维建模课程，教学内容以三维建模、渲染、交互等技术应用为主，经过多年积累，已经形成了完整的教学体系。为了培养 VR 建模人才，学院在这个专业中择优选取了 15 名大学三年级学生，成立了小订单班，并临时改动大三第五学期的综合实训课，将企业的 VR 建模项目引入课堂，让原来就有 3D 建模基础的大学三年级学生学习最新的 VR 建模知识，从而快速转换成 VR 建模人才。这 15 名学生毕业以后全部被富得宝家居公司录用，月薪比普通专业毕业生多出 2000 元。由于 VR 建模人才缺口较大，不少企业纷纷上门寻求校企合作，不少刚进入大学三年级的学生被企业用高额的实习工资聘用救急。这个案例后来被《浙江工人日报》整版报道。

方法 4：坚持因材施教，根据学生个性进行培养。

温州职业技术学院积极推进以学生为本的“双层次多方向”人才培养模式改革，落实“特长生培养、小班化教学”的分层分类教学，实现“人人出彩，人人成才”。

1）“双层次多方向”人才培养模式。

① 选专业。所有学生从大学一年级第二学期开始自主选择专业，自己想读什么专业就选什么专业。上一学期结束的前两周开始报名，新学期开学后开始分班。学院允许学生自主选择专业的最大好处就是加强了专业建设。学生自主选择专业，迫使每个专业必须积极进行内涵建设，想尽一切办法把专业建好，留住学生。浙江省高职院校的招生将按专业投档，没人报考的专业就要被淘汰。现在的专业不怕学生自主选择，专业有发展前景、实力强，自然能留住学生。

② 选层次。在学生自主选择专业一年或者一年半以后，学院还会组织对专业进行二次分类，即将各专业分为技能型和技术型两个层次供学生进一步选择。例如，服装设计专业分服装陈列与营销（技能型）和服装设计（技术型）两个层次。

③ 选方向。例如，技术层次的服装设计专业，又可具体分流为服装设计和服装制版两个方向。

2）“特长生培养、小班化教学”的分层分类教学。

温州职业技术学院大力推行特长生培养、小班化教学，在促进“人人出彩，人人成才”的同时，实现精英培养。把特长生培养纳入人才培养方案体系，结合专业特点、学生兴趣，凑够 5 人即可成立一个兴趣小组特长班，特长班课时额外核算。所有此类改革产生的教学工作量全部由学院承担。现在，在温州职业技术学院各专业中，选修课学分占到总学分的 44%，小班化教学课程的学分占到总学分的 26%，实施分层分类教学的课程的学分占总学分的 34%。

方法 5：打造“立体化”的校企合作办学模式。

温州是民营经济重镇，自办学以来，温州职业技术学院一直坚持校企合作，走校企合作、工学结合的产教深度融合之路，形成了“校企点对点”“政校行点对线”“校地点对体”的立体化格局。

① 校企点对点：为了充分利用民营企业机制灵活的优势，温州职业技术学院与 35 个行业协会、730 余家民营企业开展全方位多层次的合作，共建 20 个产学研创一体化中心、10 余个省级企业研究院/研究中心。

② 政校行点对线：温州职业技术学院与行业协会联办温州酒店管理学院、温州家具学院、富民金融学院等 6 个二级学院。

③ 校地点对体：温州职业技术学院与瑞安市政府合办温州职业技术学院瑞安学院，与瓯海区政府共建温州设计学院（选址瓯海时尚智造省级特色小镇）。

这样一来，“产与学、产与研、产与创”融合在一起，温州职业技术学院开创了“立体化”的合作办学格局。

通过打造新技术应用人才培养的高地，温州职业技术学院参与技能比赛获得的荣誉多，人才培养质量高。毕业生就业率连续 11 年保持在 98%以上，一大批学生在毕业 8～10 年后年薪达到 30 万元以上。这是来自企业的数据，温州职业技术学院接下来要把这些年薪在 30 万元以上的毕业生数据收集起来，分专业进行统计。目前来看，年薪 30 万元以上的毕业生大多来自工科类专业，来自会计类专业的很少，尽管会计类专业毕业生就业率高，报考的也多，但是毕业后的成长空间不大。

高人才培养质量、高就业率给温州职业技术学院带来了很好的招生效应。2018 年，温州职业技术学院自主招生名额为 1000 个，吸引了近 9000 人前来报名，总体报考率为 11∶1。近几年的录取分数都远超浙江省招生分数线。

温州职业技术学院推行“招生-培养-就业”一体化改革，集中体现为一名副院长统管招生、培养、就业工作。原来这些工作由两名副院长分管，容易出现教学副院长和就业副院长相互推诿的情况。现在一名副院长统管招生、教学、就业全部工作，打通了人才从入口端到出口端的全过程，专业就业情况不好，副院长要及时反馈到人才培养阶段甚至招生端，及时调整人才培养方案，甚至调整招生计划，真正做到“招生-培养-就业”一体化。温州职业技术学院推行“招生-培养-就业”一体化改革，有效促进了人才培养质量和就业质量的进一步提升。

（三）强化服务区域能力，打造“立地式”技术服务的高地

“立地式”技术服务，通俗地说，就是接地气的技术服务或技术应用。科技创新的目的在于实际应用。在创新驱动发展战略贯彻实施当中，应用型本科院校或者说地方高校，特别是高职院校应该发挥什么作用？当前高职院校最迫切的需要应该是解决技术应用的“最后一公里”问题。以温州职业技术学院为例，温州中小企业众多，这些企业往往没有自己的研发部门和技术人员，它们在生产过程中遇到技术难题，迫切需要专业指导。“立地式”技术服务的高职院校大有可为，实际上这也是高职院校与企业的“产研创”深度融合。

1. 构建“研发-双创-服务”一体化的技术技能积累与服务体系

温州职业技术学院以高端装备制造与信息产业、时尚产业和现代服务业的需求为依据，加大资金投入和设备投入，加强技术储备和人才引进，积极推进智能制造、物联网、移动互联网、时尚设计、决策咨询等领域的平台建设，努力构建“研发-双创-服务”一体化的“立地式”技术技能积累与服务体系。依托该体系，温州职业技术学院重点开展三大项工作：一是利用研发平台解决生产一线急需解决的一些关键技术难题和技术应用“最后一公里”问题；二是以平台为依托，以

项目为载体，提升教师研发和社会服务能力；三是师研生随，培养学生新技术应用的创新创业能力。学院开展各项“立地式”研发的目的有三个：一是培养学生的能力，二是提升教师的水平，三是解决企业的问题。

2. 构建省、市、院三级研发服务平台

温州职业技术学院的教学理念是“需求-方向-条件”相一致。其他大学或研究中心一般是有什么类型的研究人员才成立相应的研发平台，温州职业技术学院则是根据“需求-方向-条件”相一致的原则来建设研发平台。需求就是企业的需求，方向就是研究方向，条件就是配备相应的场所、研发人员和设备，即以企业需求调整研究方向，配备相应的人财物。教师申报研究平台，首先不说自己能研究什么东西，而是先要汇报对应的产业中有哪些问题需要研究，已经和哪些企业合作展开了研究，这是成立这个研发平台的前提和基础。同时还要明确这个研发平台与校内哪些专业相关，也就是说研发平台既要以专业为依托，靠科研反馈人才培养，反哺教学。研发平台成立后，温州职业技术学院以文件形式规定所有的研发平台负责人相当于中层副职待遇（但是并不是严格意义上的中层干部），目的是调动平台负责人的积极性。实现动态管理，一年一考核，对通过考核的平台发放一定的津贴，连续两年考核不通过的平台则要被撤销。温州职业技术学院按照“需求-方向-条件”相一致的教学理念来设立研究平台，目的就是真正了解来自生产一线的需求，解决技术应用的“最后一公里”问题。

温州职业技术学院有45个研发平台，其中有2个省级（省科技厅）研发平台。学院专门建成一座占地20 000多平方米的大楼，原来叫研发大楼，现在叫研创大楼，有多个研究平台、创新创业工场、企业研究中心和企业研究院入驻。这些平台具有一个共同的特点，即都属于温州的转型产业。温州职业技术学院研发平台的发展史就是温州产业转型升级的历史。

3. 与行业企业共建省级企业研究院、省级企业研究中心

现在国家倡导以企业为主体的创新驱动发展战略，有些项目必须由企业申报，如企业的研究院项目，必须以企业为主体。浙江省康奈鞋类技术研究院是省科技厅立项的省级企业研究院，但是其技术力量支撑是温州职业技术学院给予的。目前，温州职业技术学院已经与多家大中型企业合作成立了省级企业研究院5家、省级企业研究中心7家。

4. 与企业开展项目合作

（1）探索师生共创模式

在与企业共同开展横向课题研究时，高职院校最大的困扰就是横向课题经费打到学校账户，教师使用时阻碍较多、程序较为复杂。但是企业对横向课题经费

的支付情况恰恰能体现出高职院校服务地方的效果，也能充分反映企业对高职院校办学和成果转化、技术支持的满意程度。教育部也明确规定，横向课题经费要按合同来发放，但是实际操作上还是在按照纵向课题经费来管理。因此温州职业技术学院鼓励师生共创股份制科技型小微企业，支持创新项目培育和创业企业孵化。由学生成立公司，担任法定代表人，教师提供技术支持，课题经费到账方式由教师自己选择，要求使用必须规范。这样既解决了经费的使用问题，也解决了用工问题。

（2）促进知识成果转化

温州职业技术学院的研创大楼有一面成果转化墙，张贴着近三年成功转让的专利资料。以前温州职业技术学院的科研奖励办法是，没有转化的成果，算科研工作量；新的科研奖励办法是，只要成果没有转化，学院就不会给予教师奖励，只有专利成功转让，相关教师才会获得奖励。近三年来，温州职业技术学院已经获得授权的专利达 678 多项。

（3）促进新技术应用

针对教师或者校内研发人员，温州职业技术学院以后每年要拿出 300 万元用于“新技术对温州 510 产业应用升级的综合攻关项目”的评审立项。即如果研发平台发现了企业的新需求，并且有人愿意而且有信心满足这一需求，但是市科技局甚至更高一级的科技机构不批准这一项目，企业也不愿或无力出钱时，由学院来立项、出经费。这些经费都来自于原来的纵向课题配套经费，为了鼓励教师“接企业难题”，温州职业技术学院收回了原有的纵向课题配套经费，用于利用新技术应用升级传统产业的攻关项目。同时建立“容错”机制，如果解决了最好，解决不了也没关系，毕竟科研技术转化有成功就会有失败，但前提是攻关的问题必须是企业的真实难题，必须是真命题，而不能是伪命题。

针对在校大学生，温州职业技术学院推出了“新技术应用创新创业项目”。学院每年为在创新创业方面有突出表现的大学生发放 2000 元、3000 元、5000 元等金额不等的经费，鼓励在校学生去做一些带有创意性质的新技术应用创新创业项目。例如，针对现在书本网购流行的现实情况，机械系有一个学生团队开发了一款书本包装机，帮助快递员打包、分拣图书；另一个学生团队研发了一款自动削苹果机；还有学生团队研发了一款自动回收快递废纸机……温州职业技术学院就是通过“新技术应用创新创业的项目”引导教师和学生积极投身新技术应用的创新创业，进而推动新技术应用的“立地式”技术服务。

☞ 案例 4

对于高校是否能够真正帮助企业解决实际问题，很多企业一直持有怀疑态度，认为高校的优势是能够进行科学研究，但解决实际问题的能力不足。

为了打消企业的顾虑，温州职业技术学院给每位教师灌输一种观念：只要企业给你项目，你哪怕不要钱也要做好，只有第一个项目做好了，才会吸引更多的企业主动上门。东南电子股份有限公司是一家上市公司，其负责人主动寻找并委托学院黄金梭老师为其开发产品检测与包装作业流水线。该企业最初投入研发经费 6 万元。黄老师团队接受委托，为其开发了符合要求的流水线，节省了大量人工，给企业带来了可观的生产利润，“机器替人”效果明显。于是该企业又追加投入研发经费 64 万元，要求黄老师为其开发第二代流水线。同时，该企业期盼温州职业技术学院能够向其输送相关专业的毕业生以及开展员工培训的合作。黄老师则进一步将该研发项目转化为毕业设计课题和学生的创新创业项目，支持学生开展新技术应用的创业活动。黄老师一方面以师生共创模式成立了一家股份制科技型小微企业，另一方面把流水线项目进一步分解成任务点，分配给不同的学生课题组、设计组，为他们提供毕业论文（设计）选题。

有人会心存疑问：“企业有什么需求，老师怎么知道？”实际上高职院校明确要求每个教师必须到企业挂职半年才能评职称，但这一要求往往流于形式，很少有教师会主动要求在企业内全方位流动。针对这一情况，温州职业技术学院出台文件，以制度的形式要求教师挂职锻炼时必须将企业所有岗位轮一遍。挂职结束后，教师要回校汇报工作，不是汇报给企业解决了什么问题，而是汇报在这个轮岗的过程中发现企业有哪些问题需要解决。如果有些问题带有行业共性，或者确实需要改进，学院会再派教师下去，解决不了没关系，把问题抛出来，学院组织人手一起解决，这才是真正解决企业问题，为企业服务。

浙江工业大学的一位教授认为温州职业技术学院恰好是在“把生产问题转化为技术问题，把技术问题转化为要解决的问题”这种递进关系中走过来的。近几年来，温州职业技术学院年科技到款额不多，年均 1500 万元，但是专利申请很多，为企业解决技术问题很多，并且开发企业新产品很多，特别是申请专利的技术数量在全省排名第一，课题经费总额在全省排名第二。根据《2018 年中国高等职业教育质量年度报告》，温州职业技术学院是“高等职业院校服务贡献 50 强”之一，这是学院一直坚持“培训-专业-平台”一体化、“研发-双创-服务”一体化办学的结果。

（四）强化双创能力，打造创新创业的高地

温州是创业的热土。改革开放初期，“温州模式”享誉大江南北，全国都在向温州学习，但 30 年前温州的创业创新局限在传统产业，体现的是传统的创业模式。现在是新技术革命时代，各个省市都在探索如何利用新技术提升传统产业，在这一轮新浪潮中温州起步晚了。例如，USB 接口打火机就是新技术应用对传统打火机产业的改造升级，说明新技术与传统产业结合得好，大家就感兴趣，但温州还有很多传统产业没有很好地应用新技术。温州人身上仍然保留着“人人当老板”“宁愿当鸡头，不愿当凤尾”“敢为人先”的创新创业精神，但作者认为温州人的

创业路径不能再依赖传统的创业模式，而应该走新技术应用的创新创业之路，孵化出具有高科技含量的新技术应用的小微企业来推动传统产业的转型升级，从而在新的工业革命浪潮中抓住机会。因此，温州职业技术学院提出要打造创新创业人才培养的高地。

温州职业技术学院打造创新创业人才培养的高地具有先天优势。一是温州具有浓郁的创新创业文化氛围；二是学院一直倡导新技术应用人才培养的理念，着力培养新技术应用的创新创业人才；三是国家发展战略呼唤创新创业人才，学院提出的创新创业人才培养完全符合国家的创新驱动发展战略。李克强总理提出“大众创业、万众创新”，也要求通过创新来推动创业，完全符合“互联网＋”时代的要求，符合高校自身内涵发展的需求。2015 年 5 月 4 日下发的《国务院办公厅关于深化高等学校创新创业教育改革的实施意见》指出：“深化高等学院创新创业教育改革，是国家实施创新驱动发展战略、促进经济提质增效升级的迫切需要，是推进高等教育综合改革、促进高校毕业生更高质量创业就业的重要举措。”高校管理者一定要深刻领会文件精神，站在更高的高度去认识创新创业工作。温州职业技术学院的创业学院由院长直管，同时还成立了创新创业工作指导委员会，教学副院长、科研副院长、学生副院长和企业负责人代表任副委员长，院长担任委员长。

温州职业技术学院以产学研创相结合、培养新技术应用的创新创业人才为理念，即以新技术应用作为创新创业教育的突破口。高校的创新创业教育在不同的时期应有不同的内涵，15 年前讲的创新创业教育实践模式，是学院把店面分配给学生开店；七八年前讲的创新创业教育实践模式，是学院鼓励学生在淘宝网上开店。如果现在还讲这些创新创业教育，已经没有人感兴趣。当前的创新创业教育应该以新技术应用为突破口，温州职业技术学院正是秉承这一理念，积累了具有开创性的实践经验。

第一，低成本。温州市永嘉县桥头镇是中国纽扣之乡，专门生产纽扣，纽扣生产中有一道工序叫作抛光，对不同颜色的纽扣进行抛光以后，纽扣的色彩会更加鲜艳，但抛光工序完成之后，要通过人工把相同颜色的纽扣一个个分拣出来。这个分拣过程不仅浪费人力，而且对人的眼睛损伤很大，另外，长时间分拣会导致眼睛疲劳，容易发生分色错误，这是纽扣企业普遍存在的问题。为了解决这一问题，温州职业技术学院的一名学生上马了一个项目：纽扣颜色自动分拣机的研发与生产。该学生利用网购的元件，参照摄像定位仪（一种对物品一拍照就能分辨出其颜色的仪器），自己组装了一台纽扣颜色自动分拣机。实际上这个分拣机的工作原理很简单，难点就在于摄像定位仪功能的实现。高职学生虽然不能研发出摄像定位仪，但可以利用网购元件自己进行组装，这也是创新。这个改造过程的成本非常低，现在这名学生已经为企业生产了两台纽扣颜色自动分拣机，每台售价 30 余万元。

第二，高科技含量。因为应用了新技术，创新创业也具有了高科技含量，这与温州传统的“卷起裤腿子创业”完全不一样。

第三，周期短。现阶段的创新创业没有前期的研发过程，只要能够发现并满足用户的需求，就能创造出新的产品和服务，因此周期短、见效快。

新技术应用的理念需要与人才培养相对接，真正实现“落地”。

1. 以需求为导向

温州职业技术学院的创新创业教育以产业需求为导向，以满足企业真实需求为基点。温州是中国鞋都，一些鞋面上有印花，传统印花需要靠人工操作机器进行印制，印好后由人工进行裁剪。而温州职业技术学院的教师研发的全自动激光皮料雕刻机可以实现激光雕刻、自动裁剪，并且已经应用于温州最大的鞋出口企业——巨一鞋业集团的流水线上，之后该企业不断要求温州职业技术学院为其提供这样的机器，其他企业也纷纷上门购买，这实际上推动了温州制鞋产业的整体变革，推动了传统鞋企智能制造升级。

2. 以技术为手段

温州职业技术学院的创新创业教育以智能化、信息化、时尚创意项目为载体，通过技术的集成、组装、改进来实现创新创业。前面提到的纽扣颜色自动分拣机就是一个智能化项目，通过技术的集成、组装、改进实现了纽扣的自动分拣。

3. 以兴趣为动力

以兴趣为动力就是强调要培养创客，创客是把想法变为现实的人。温州职业技术学院培养的就是创客，因为学生有的是聪明才智和创意，而把这些创意变为现实不需要学院付出很大的成本，只需要为这些学生提供引导和空间，采用兴趣小组的模式，一年级、二年级、三年级滚动式培养。学院设有创业实验班、创业先锋班、创业通识课程班，2017 年还开设了中小企业创业与管理专业，该专业全部通过自主招生招录，有企业经营家庭背景的考生优先录用，目的是培养“创二代”，让他们子承父业，让父辈的企业在他们的手上能够进一步扩大。这也是 2016 年教育部推出的十大新专业之一。

以兴趣为动力推动学生创新创业后，温州职业技术学院的学风焕然一新。很多学生全身心扑在企业项目上，很少有学生沉迷于网络游戏。教育部要求高职院校要宽进严出，倒逼学生努力学习，实践创新。但也并不是每个学生都适合这种举措，最重要的是要把学生的兴趣调动起来，以兴趣为动力，让学生参与到以专业为依托的创新创业中去，让他们毕业的时候能有一技之长。

4. 以专业为依托

无论是打造产教深度融合和技术研发服务的高地，还是打造新技术应用人才培养的高地，都离不开专业这个基石，都要以专业为依托。温州职业技术学院所有的专业都是紧贴温州产业而设，现在已经形成了以工科类为主，经管类、设计类协调发展的专业格局，并在传统专业建设中强调新技术应用，把新技术应用的创新创业融入每个专业的发展路径中。这是学院开展创新创业教育的专业基础。有人认为经管类专业与新技术应用不相关，实际上经管类专业同样要应用新技术。例如，会计专业也要开设大数据相关课程，为学生以后提供新型财务管理服务打下基础。根据传统的市场营销理论，很多人认为阿里巴巴集团经营淘宝网会亏本，但实际上并没有。因此马云说："很多人输就输在，对新兴事物第一看不见，第二看不起，第三看不懂，第四来不及。"对新生事物，我们首先要看得起，二要看得懂，三要抓得住，四要来得及。新技术带来的变化首先是观念的变化，一定要拥抱变化，只有拥抱变化，才会有后面的一切。企业家的理念决定了他会成为什么类型的企业家，马云把握住了这种趋势，及时适应变化，才取得如此高的成就。

5．以实践为途径

温州职业技术学院存在三种校园形态：①传统教室；②教学工厂，温州职业技术学院在全国范围内率先开展"捣墙运动"，学院时任院长丁金昌教授（现任浙江机电职业技术学院院长）通过把传统教室间的非承重墙捣掉，把传统教室打通，建成教学工厂，引进企业生产性流水线和设备，让学生在校园工作，跟着师傅实训实习；③创新创业工场，让学生以"导师＋项目＋团队"的小班化教学模式在创新创业工场里开展创新创业项目。因此温州职业技术学院的校园形态变革是从传统教室到教学工厂再到创新创业工场的螺旋上升式变革。接下来建成的温州设计学院就是按照创新创业工场的校园形态来设计的，学院引进了国内外知名大师团队，打造创客空间、大师工作室、设计工坊等，定期举办高端产业学商活动，如各种论坛、峰会、奢侈品鉴赏会、发布会等。

对应三种校园形态，温州职业技术学院打造了"训研创"一体的实践教学体系，因为职业教育强调对学生能力的培养，在对能力培养认识的演变史中，原来大家只讲"学中做"，后来有教学工厂以后，开始在"做中学"，在"探中学"。"学中做、做中学、探中学"还要向"做中创、探中创"延伸。因为高职教育的落脚点不仅包括培养学生的动手能力，还包括培养学生的研发能力和创新创业能力，要真正做到"训研创"一体、产学研创深度融合。

高职教育以能力培养为主线，其中学生的能力可以分为三种：实践能力、研发能力、创新创业能力。因此温州职业技术学院把原来只有实训（培养实践能力）的实践教学体系全部打乱，对全部人才培养方案进行了修订，将三种能力的培养切入每一个相应的阶段里面。"训研创"是作者归纳的叫法，即在原来的"学中做、做中学、探中学"的基础上向"做中创、探中创"延伸，温州职业技术学院现在就是根据这样的理念在探索、在实践。

6. 以团队为支撑

“做中创”是指对毕业设计、竞赛项目等学院内部项目的创新；“探中创”即针对来自企业的项目，老师带着学生进行创新，作者将其总结为“三师三生”模式。一是“师研生随”，这一模式在本科院校很常见，学生加入老师的课题组，跟着老师一起做研究。二是“师导生创”，即学生创业、老师指导，老师是指导师，但不获取利益或分成，一切都以学生为主。三是“师生共创”，学生出任法定代表人，教师提供技术支持。现在温州职业技术学院大力倡导采用“师导生创”模式。

学生办企业，有项目却没有资金，于是温州职业技术学院每年 6 月份都会举办一场风投项目推荐会，推荐的全部是本校学生发起的科技型创业项目。在 2017 年的一场风投项目推荐会上，学生团队负责的项目共获得 2000 万元的风投。其中一支学生研创团队成立了一家绿能包装纸回收有限公司，研发绿能包装纸回收机，学生发明专利总共有七项。以前大家拿到快递时一般会把包装盒扔掉，而利用该回收机，用户只要先用手机“扫一扫”，开户程序再把包装盒放进回收机，回收机就会自动对包装盒进行称重，根据重量折算出回收金额，回收金就会被提取到用户的手机账号中。2016 年 6 月，绿能包装纸回收机获得塞尔维亚温州商会会长的风投 2000 万元，截至 2017 年年底已经有 300 万元打入学生公司账户，样机正在生产中。

7. 以校企合作为纽带

温州市职业技术学院所有的创业项目都来自企业，创业前景好的项目也卖给企业，真正做到了服务于实体企业，实现溢出效应。温州职业技术学院的创新创业教育也取得了一系列成果。温州职业技术学院毕业生卢成堆的创业史也是温州职业技术学院创新创业教育的进化史。他刚开始创业时也很艰难，摆过地摊卖过货。后来他瞄准时机购入了一项专利技术——把破了的陶瓷碗修复得像新碗一样。很多酒店每年要淘汰大量破损的陶瓷盘碗，有了陶瓷修补技术，这些破损的餐具的命运就发生了转变。卢成堆的浙江瓷爵士股份有限公司利用这项专利技术很快打开了市场，并作为新三板上市。卢成堆本人于 2015 年被评为“全国大学生创业模范”及“十强创业英雄”之首。毕业生苏孝峰任国家一级资质建设施工企业集团董事长，企业年销售额超 30 亿元。年薪 30 万元以上的毕业生更是不胜枚举。更难得的是，温州职业技术学院学生毕业一年后自主创业率高达 8.45%，而浙江省全省大学生毕业一年后的自主创业率只有 4.82%；毕业三年后的自主创业率达 12.37%（这些数据全部是浙江省教育评估院对全省所有高校进行调查后得出的）。

“温州产业科技众创空间”是温州职业技术学院独立运营的众创空间，占地面积达 20 000 多平方米，其中有创业团队 68 支，创业人数 1002 人。已经孵化出企业 14 家，在孵企业 39 家，其中服务型企业 24 家、科技型企业 15 家。特别是 2016

年，24家服务型企业的营业额达到1358万元，15家科技型企业的营业额达到2308万元。

第四节　根植温州：依托专业，产学研创相结合，培养新技术应用的创新创业人才

温州职业技术学院是国家示范性高职院校、浙江省高职重点校，现有全日制在校生11 100余人，设有9个系（部）35个专业，覆盖了浙南地区主要支柱产业和特色行业，形成了以工科类专业为主、设计类专业为特色、经管类专业协调发展的专业格局。办学以来，学院坚持立德树人，坚持面向市场、服务发展、促进就业的办学方向，按照“区域有什么支柱产业，就建设什么专业；区域有什么企业难题，就建立什么服务平台；区域有什么新技术需求，就培养什么新技术应用的创新创业人才”的办学思路，形成了“专业共建-技术研发-创新创业”三位一体的办学实践体系，助推温州产业转型升级，实现办学质量快速提升。

一、产学研创相结合的实践与做法

温州职业技术学院积极把握新一轮科技革命与产业变革的大趋势，主动适应新产业、新业态、新技术发展，倡导“以明天的技术，培养今天的学生，为未来服务”。学院从2006年启动示范校建设以来，就把创新创业教育作为学院“三大示范点”之一，不断深化创新创业的内涵，2015年在全国首创新技术应用的创新创业人才培养，恰恰呼应了教育部正在大力倡导的新工科人才培养，对新工科人才培养在高职院校的实践进行了有益探索。温州职业技术学院切实把创新创业教育作为综合改革的突破口来抓，以开放的办学理念和协同育人机制，推动学院内部和外部资源的有效整合，吸引社会资源投入，形成需求导向的专业结构和强化创业就业能力的人才培养结构。温州职业技术学院根据产业设专业，依托专业设平台，对接平台开展创新创业，孵化科技型企业，增强对产业的溢出效应，经过几年的实践，走出了一条产学研创深度融合、培养新技术应用的创新创业人才的办学之路。

（一）产：协同政行企资源，培育创新创业人才

温州职业技术学院坚持产教融合、校政行企合作，建校之初就坚持“与民营经济互动、与企业行业共赢”的办学之路。

1. 强化校企合作，建立政行企合作的良性运行机制

温州职业技术学院开展校政合作育人，与瑞安市政府共建温州职业技术学院

瑞安学院，瑞安市共投入 5.6 亿元；与瓯海区政府共建温州设计学院，瓯海区政府共投入 2.2 亿元；与浙南科技城共建智能制造孵化器，实现政府搭台、学院唱戏、共育人才；开展校行合作育人，与行业共建温州家具学院等 6 个与区域支柱产业紧密结合的二级学院，实现互惠共赢，提升职业教育的岗位匹配度，提升育人质量；开展校企合作育人，与 736 家企业建立合作关系，校企合作办专业，实现由顶岗实习、订单培养到现代学徒制的合作递进，增强了人才培养的针对性和有效性，形成了高校、企业、社会多赢共进的良好局面。

2．整合社会资源，建立创新创业服务平台

温州职业技术学院积极建设校外创业教育基地，与温州瓷爵士科技股份有限公司等多家企业共建创业学院。学院积极集聚校外资源，引入“维度资本”等多家风险投资企业，筹集创业种子基金 1900 万元，2016 年学生创业项目获得社会风险投资 2700 万元，2017 年已成功对接 5 个创业项目，达成投资意向 850 万元。学院与温州鹿城农商银行合作为学生创业提供科技信贷，与瓯海区政府共建国家大学科技园，与温州中小企业服务平台共建浙江小微创新创业园。

3．结合区域文化，传承温州创业精神

温州职业技术学院紧密结合温州区域特色，把温州人精神融入创新创业教育中，将国外创业教育理论与“义利并举”的永嘉学派文化精髓、“敢为天下先”的创新创业精神相融合，弘扬“经世致用”的温商传统务实品格，传承温州人创业精神，培育大学生创业意识。近三年，学院共举办“温商创业论坛”等创新创业讲座 100 余场。

（二）学：实施综合化改革，强化创新创业教育

温州职业技术学院以创新创业教育作为综合改革的突破口，建立院长直管创业教育的管理体制，整合校内资源，形成了教学、科研、学生、人事等部门积极参与创新创业教育的良好局面，出台相关制度，推进创新创业教育机制改革。

1．修订人才培养方案，健全“2＋1”培养模式

温州职业技术学院把创新创业人才培养列入学院综合改革方案和“十三五”发展规划，将新技术应用的创新创业教育有效融入人才培养方案，创设“2＋1”人才培养模式，“2”是指学生要在入学后前两年完成专业课程学习，“1”是指学生要在创业学院完成最后一年的创业课程学习与创业实践。学院开设了电气自动化等 4 个“创新创业教育引领专业建设”试点专业，2017 年新增“中小企业创业与经营”专业，计划招生 35 人，报名人数超过 400 人，报考率高达 12∶1。

2．深化专业融合，构建“分层分类”创业教育课程体系

温州职业技术学院结合温州区域特质，开设了20余门创新创业教育相关课程和3门视频公开课；面向全体学生开设KAB（Know About Business，了解企业）课程、创业基础课，培养创新创业意识；面向有创业意愿的学生开设创业指导及实训类课程，培养创新创业能力；面向已开展创业实践的学生开设“新技术应用创业实验班”，实现创新创业教育的“分层分类”、全面覆盖。

3．依托“训研创”实训基地，改革创新创业实践体系

温州职业技术学院将“学中做、做中学、探中学”向“做中创、探中创”延伸，着力打造以实训为基础、研发为动力、创新创业为导向的“训研创”一体的实践教学体系，努力培养学生新技术应用的实践能力、创新能力和创业能力。“做中创”即以综合实践、毕业设计、技能竞赛等形式，对全体学生实施创业教育。“探中创”即以研创大楼为依托，为学生提供开放实训室、加工车间、产品设计辅导等。

（三）研：坚持“立地式”研发，提升创新创业能力

温州职业技术学院依托现有专业，按照“区域有什么样的企业难题，就建立什么样的服务平台”的办学思路，坚持“需求-条件-方向”相一致，建设省、市、院三级研发平台共45个，每个平台至少对接一个大学生创新创业团队，根据企业需求，调整研究方向，配套相应的人、财、物，破解区域经济发展的难题，力争解决技术应用“最后一公里”的问题，打造学院服务社会的平台、锻炼“双师型”师资队伍的平台、培养学生创新精神和创新能力的平台。

1．共建协同创新中心，服务行业关键技术

由温州职业技术学院牵头组建的浙南轻工装备智能技术协同创新中心被评为2016年度浙江省高职院校首批应用技术协同创新中心，已服务企业231家、提供技术服务200余项。例如，温州职业技术学院学生与教师一起创办的温州市贝佳福自动化技术有限公司为巨一集团开发了全自动激光皮料雕刻机，应用于该企业多条年产值超亿元的生产线上，产生了巨大的经济效益。

2．共建企业研究院，服务大中型企业

温州职业技术学院与大中型企业共建企业研究院（中心）12家，其中浙江省康奈鞋类技术研究院和起步儿童鞋服技术研究院已为企业开发省级创新产品40余项、省市区级项目20余项，相关技术的产业化应用均取得了国家专利，新产品新技术项目为企业增加产值超亿元。

3．共建产学研基地，服务中小微企业

针对温州中小企业技术提升与改造能力薄弱的问题，温州职业技术学院与中小微企业共建产学研合作基地 20 家。例如，学院通信技术应用研发平台的师生创业团队与浙江腾腾电气有限公司共建的企业研发中心，已为企业开发出基于“互联网＋”的智能路灯节能系统并投入使用，助力企业创新发展。学院目前已获授权专利 678 项，转让专利 123 项，近三年收到科技款 6000 余万元，为企业解决技术难题 580 多项。

（四）创：注重新技术应用，打造创新创业高地

温州职业技术学院积极把握新一轮科技革命与产业变革，按照“区域有什么新技术需求，就培养什么新技术应用的创新创业人才”的办学思路，借助区域产业需求，以新技术应用为导向，孵化具有科技含量的小微企业，服务温州产业发展。

1．以基地为载体，促进创新创业型校园建设

学院遵循“统筹规划、合理布局、特色鲜明”的原则，以新技术应用为创业项目导向，以满足企业真实需求的创业项目为基点，以时尚创意项目、智能化项目、信息化项目为载体，使产学研创基地成为集创意（好点子）展示、创新（好方法）探索、创造（好作品）推广、创业（好商机）实践于一体的创新创业平台。加快建立创客交流中心、创客咖啡馆、大学生创业园、青年创新工场、公寓师生创意交流室等新型孵化服务平台。充分利用学院研发平台的技术创新优势，新建或改造升级创新创业集聚区、创业园、电商孵化园等，打造从传统教室到教学工厂再到创新创业工场的校园新形态，形成“人人创新、时时创新、处处创新”的创新型校园。

2．建设众创空间，助推项目孵化

温州职业技术学院成立了“温州产业科技众创空间”，重点在信息技术、智能创新、时尚设计和新材料等领域发现、培养、扶持在校创新创业项目，培养新技术应用的创新创业人才，孵化具有科技含量的小微企业。该众创空间被科学技术部评为国家级众创空间、省级优秀众创空间。

3．实施“三师三生”项目，引导师生共创

温州职业技术学院探索出“师研生随、师导生创、师生共创”人才培养模式，让更多学生参与创新创业。“师研生随”，即以教师的科研项目带动学生参与创新创业；“师导生创”，即教师给予学生创业团队技术指导；“师生共创”，即学生出

资任法定代表人，教师出力当技术总监，大胆实践“企业出题、学院接题、教师析题、学生答题”的办学模式，专注于培养新技术应用人才。例如，东南电子股份有限公司主动委托学院学生创办的公司为其开发产品检测与包装作业流水线，并分三期投入研发经费 146 万元。

二、新技术应用人才培养的成效

温州职业技术学院在“协同资源—综合改革—立地研发—技术应用”中实现了“产中创、学中创、研中创”，产学研创深度融合培养新技术应用的创新创业人才，多项工作走在了全省乃至全国前列。

（一）创新创业实现“人人出彩”

温州职业技术学院多名学生先后获得全国“挑战杯”创业大赛金、银奖，获省级“挑战杯”大赛一等奖 3 项、二等奖 10 项，近五年获省级以上技能大赛奖项 500 余项，涌现出“全国大学生创业英雄十强”等一大批创业典型，学院中的“创业者联盟”社团入选“全国大学生创业社团 40 强”，综合实力在全国高职院校创业社团中排名第二。一大批毕业 8～10 年的毕业生年薪在 30 万元以上，毕业生就业率连续 11 年在 98%以上。2016 年浙江省教育评估院对全省高职高专院校毕业三年与毕业一年的毕业生的人才培养质量进行了跟踪调查，结果显示，温州职业技术学院的毕业生的职业发展与人才培养质量均为全省第一，创业率分别为 12.37%和 8.45%（浙江省这一数据分别为 7.20%和 4.82%）。

（二）创新创业示范辐射全国

温州职业技术学院入选 2015 年全国高等职业院校“服务贡献 50 强”，当选全国高职院校创新创业教育联盟副理事长单位；2016 年 6 月，学院院长在教育部召开的新闻发布会上做典型经验介绍，办学成果得到市委、市政府领导的充分肯定并专报批示，被国家级、省级权威媒体报道 180 余次。2016 年共接待 1500 余人来校考察参观，学院应邀赴浙江大学、吉林大学等 20 余所大学做报告。

（三）创新创业研究引领发展

温州职业技术学院创新创业教育研究团队现有成员 15 人，其中教授 5 人，浙江省有突出贡献中青年专家 1 人，浙江“151”人才工程第二层次培养人员 4 人；获教育部人文社科二等奖 1 项，在《教育研究》等核心期刊上发表研究论文 40 余篇，主持国家软科学出版项目等省部级以上课题 10 余项，现有创新创业类教材 10 余部，全国高等职业教育“十二五”教材 1 部，新技术应用创新创业案例选编 5 本。

第四章　产学研创运行机制

第一节　利 益 机 制

利益机制是高职院校产学研创结合赖以形成的基本动力，是指利益的分配方式和调试关系，按一般的分配原则，即义务与权益的关系而论：一是应明确产学研创各合作方在整个过程中所承担的义务和职责，并以此为基础配以合理的权益所得，这一工作需彼此间反复磋商方能确定；二是产学研创各合作方在适当的时候必须做出适当的调整，利益分配并不是一成不变的，合作者相互间应以公正、谦让的姿态来对待分歧，不合理的利益分配最终只能导致合作的解体。较有效的方法就是一开始便以股份制的方式合作，按现代企业管理模式来运作。

产学研创合作的形成、存在和发展都与利益驱动力有关。在这里，利益并不仅指经济利益，也包括其他物质利益与专利、成果归属权以及奖励、声望、名誉等非物质利益。利益是产学研创整合的纽带，也是动力。

产学研创各方在客观上存在着制约关系，主要表现为彼此利益需求的制约，不管是学方、产方还是研方或创方，四方都是为了获取自身利益而参与合作，失去了利益的合作则没有必要。因此，利益关系就是合作成功的利害关系，也是一种制约关系。制约从各方的愿望和目标来说是利益的制约，从客观上说没有对方的利益也就没有己方的利益，反之亦然。各方的合作是一种利益的驱动，是利益的动机产生的合作行为。

一、产学研创结合各主体的经济利益和社会效益

产学研创结合的动力来自产学研创各主体通过产学研创结合模式能够做到优势互补、密切合作、互惠互利、共同发展。经济利益是合作各方共同追求的，是产生驱动力的重要源泉。各方对经济利益的追求是通过市场来实现的。高额的经济利益可以驱动产学研创各方开展合作，从而形成合作体。产学研创各主体合作追求经济利益的同时，也要考虑到长远利益和发展，必须重视社会效益，这样才能使合作体趋于稳定并不断向前发展。

在市场经济条件下，利益机制是推动产学研创合作的动力和维系产学研创合作良性运转的纽带，因此，在产学研创合作中要正确处理学院利益与企业利益、个人利益与集体利益、近期利益和长远利益的关系，产学研创合作的动力机制必须能同时对院校、科研院所、企业的生存和发展产生压力和动力，使各合作主体

受自身发展的需要和利益需要的驱动，自发、自觉地走上合作之路。因此，互惠互利、互补互促是建立产学研创合作的动力机制的根本。为此，我们必须将教育规律与生产规律相结合，将高校的科技、人才、知识、信息优势与企业的资金、设备、生产管理、市场开拓优势相结合，建立起适应市场经济体制的，以高校为主导、以企业为主体、以人才和科技为桥梁、以利益为纽带的产学研合作体系和优势互补、相互支持、风险共担、利益共享、共谋发展的良性运行机制。

（一）高职院校在产学研创结合中的经济利益和社会效益

高职院校是产学研创结合组织基础中的主体。高职院校具有智力优势、学术优势、多学科综合优势和人才培养优势，不仅承担培养高层次专业人才的职责，其在校学生也是我国基础研究和高新技术研究的重要生力军。高职院校正在积极探索产学研创结合的新模式，使前些年高校与企业的“外在性合作”进一步向纵深方向发展，成为具有实质性的生产要素的“内在性联合”。一些高职院校还建立了基于各种合作形式的技术开发中心、工程研究中心、上市公司、大学科技园等，有力地推进了产学研创结合，拓展了高等职业院校的功能。

1．高职院校在产学研创结合中的经济利益

高职院校在产学研创结合中的经济利益主要体现在以下几个方面。

1）学生在企业实习，通过实践服务为企业做出了贡献，创造了价值，企业会给予其一定的报酬和奖励，不仅能够补充学生的学习、生活费用，也能帮助解决学生勤工俭学的问题，调动他们参与实践的积极性。

2）教师来自参与科研成果的转化和产品孵化，其参与产品开发的积极性得以增强，科学研究、科技开发的针对性更得到加强。

3）学校通过调整学科专业结构和规模，增设短缺、新兴学科与专业是 21 世纪高等职业教育发展的必然要求，产学研创结合可以促使学校根据实际情况采用多种形式办学，把教育办活，适应社会需要，并且能够拓宽教育经费来源的渠道。在当前教育经费不足的情况下，积极开展对外有偿服务，已成为高校一项重要的经费来源，不仅可以改善高职院校的办学条件，而且可以在一定程度上提高教职工的待遇，能调动其为教育发展目标服务的积极性。学校通过与企业、科研院所的结合拓宽了高等职业教育的途径，改变了过去陈旧的教学模式，在产学研创结合中为教育出技术、出成果创造条件，为教育参与科技转化工作进行间接利益驱动。

2．高职院校在产学研创结合中的社会效益

高职院校在产学研创结合中的社会效益主要体现在以下方面。

1）提高办学效益和教育质量，为社会培养高素质人才。

2）加强对教师与学生的科研能力、生产实践能力的培养，并有利于引进、培

养高素质、高层次、多样化、具备创造性和竞争力的优秀人才，可增强学校适应社会需要的能力。

3）高职院校可从中学到企业高效的办事作风和面向市场、讲求实效的处事原则，不断强化学风、教风建设。

4）通过产学研结合摸索出新的办学模式，并为企业、科研院所的生产发展和科学研究服务，提供人才和智力支持，逐步增强真正意义上的人才培养、确定科研课题与成果转化的市场意识，改变那种长期以来形成的重理论轻实践、重学术轻应用、重主观轻市场的科研惯性，促进高职院校自身的建设、发展和提高。

5）有利于引进竞争机制，推动高等职业教育的体制改革。当前，我国的高等职业教育，无论是组织结构还是运行机制，都不适应市场经济的发展，效益低下，优势和潜力得不到发挥。所以，引进竞争机制，有利于推动高等职业教育的体制改革。

（二）科研院所在产学研创结合中的经济利益和社会效益

科研院所是产学研创结合的结构主体，是产学研创结合各模式中不可缺少的主体要素之一。科研院所一方面直接进入企业，成为企业的技术开发机构，从而与生产部门结合；另一方面与教育部门结合，大量接受或共同培养高职院校的高级专业人才。一些具有研究开发优势并已形成自我发展能力或具备产业开发实力的科研院所还直接兴办企业或改制成企业，成为研究开发、工程设计和生产销售一体化的公司或现代企业集团，通过有偿转让技术成果、承接技术开发项目、为社会提供专项技术服务、共建工程中心等形式或途径来实现与社会的接轨。

科研院所在产学研创结合中的经济利益主要体现在：一方面，科研人员参与企业的科研开发，企业会给予其一定的报酬和奖励；另一方面，科研人员有了企业作为其科研成果的中试基地和产品孵化器，其参与产品开发、科研立项的积极性被调动了起来，其科学研究、科技开发的针对性更强，并紧紧盯住企业提供的良好的工业性生产条件，加之充分利用研究出的高水平的成果，通过成果转化为科研院所获得高等级的成果奖励，补充了经费的不足，为科研院所的发展提供动力、奠定基础。

科研院所在产学研创结合中的社会效益主要体现在：科研院所在与学校、企业的结合中，可以获得人才、智力和资源方面的支持，并可将自身的科技成果转化为现实生产力，再通过转化所获得的利益，弥补科技经费的不足，扩大科研的规模，提高自身的科研能力，增强为社会服务的后劲。

（三）企业在产学研创结合中的经济利益和社会效益

企业也是产学研创结合的主体之一，具有生产技术、生产设备、一线的实验和应用条件、系统应用技术的实际管理经验等。

企业在产学研创结合中的经济利益主要体现在：企业是以营利为目的，运用生产要素从事商品生产经营活动，具有法人资格的经济组织。企业作为一种营利性机构，其目的是创造利润，在利润机制驱动下提高效率。而要提高效率，就必须建立和完善现代企业制度，以市场为导向，与科研机构、高等职业学校等以产学研创结合的形式展开合作，这是企业进行技术创新，提高技术创新能力，从而提高竞争和发展能力的重要途径。

企业在产学研创结合中的社会效益主要体现在以下几点。

1）企业期望通过与院校、科研院所的合作获得新的技术发展信息，建立良好的社会形象，吸纳优秀的人才，并依靠院校和科研院所的科技优势、人才优势，不断取得优越的人才支持和技术支持（包括新产品生产技术），增强自身的技术创新能力和市场竞争力。接受学生实践也解决了企业人力不足的难题。

2）企业在获取高质量的人才和院校的科学技术成果的同时，加快了科技成果转化的速度，促进了企业的改革，提高了生产效益，进而提高了市场竞争力。

3）企业一方面可以通过合作，优先从院校、科研院所获得转让成果；另一方面还可以依托院校或科研院所加强职工培训和技术人员的继续教育，以增强企业发展的后劲。

（四）政府在产学研创结合中的经济利益和社会效益

政府是产学研创结合的当然主体，其在产学研创结合中的作用主要表现为政策导向作用、组织协调服务作用。政府的介入可使产学研创结合的力度进一步加强，有利于促进产学研创结合由自发、分散和无序运行向有组织、紧密和有序运作的方向转变；有利于实施政策规划，营造结合环境，接通市场需求，加速科技向产业化、市场化的转变；有利于积累人力、财力、物力，对影响国计民生的重大科技项目进行联合攻关，尽快地提高我国的科研水平，提升综合国力。

二、我国高职院校推进产学研创结合的意义和效果

教育是发展科学技术和培养人才的基础，在现代化建设中具有先导性、全局性作用，必须摆在优先发展的战略地位。人们已经越来越清楚地认识到，由于知识经济的到来，经济的繁荣和社会的发展不再仅仅取决于资源、资本、硬件技术的数量和规模，而是更多地依靠知识和信息的积累与应用；创造社会财富的劳动不再仅仅取决于劳动者的体力，而是更多地取决于劳动者的智力。

高等职业院校既是知识聚集、创新和传播的集散地，也是人才培养的基地。面对新技术革命的挑战，高职院校必须与生产劳动相结合，服务于社会经济的发展，走产学研创结合之路，这是生存之计、立校之基。我国高职院校在产学研创结合中的出发点和落脚点就在于大力培养创新型人才，不断提高科技创新能力，促进科技成果转化和推动国家创新体系建设。

（一）产学研创结合有利于高职院校加快创新型人才的培养

当今世界，经济全球化速度日益加快，国际经济的竞争与合作、“信息高速公路”的开通引起人们工作方式、思维方式、生活方式的深刻变革，这必将对21世纪的人才培养提出新的更高的要求。对于21世纪人才素质的要求，尽管各国有各自的条件和标准，但都强调应有全球化战略眼光、争创一流的意识和勇于领先的精神。

过去一段时间，一些教育者只注重知识的传播，忽视了对学生综合素质的培养，学生知识面相对较窄，人文教育基础薄弱。而现在普遍实施的素质教育，则着眼于学生的全面、和谐、可持续发展。从实际情况看，高等职业教育不应只重视专业教育，更重要的是要对学生进行全面的素质教育。

未来人才素质的差别，不仅仅在于知识专业化程度的差别，更在于人才的基本素质的差别，其中创新能力和文化素质居于重要地位。知识创新将成为未来社会文化的基础和核心，创新人才将成为决定国家竞争力的关键。知识创新的目的是追求新发现、探索新规律、创立新学说、创造新方法、积累新知识。知识创新是技术创新的基础，是新技术和新发明的源泉，是促进科技进步和经济增长的决定性因素。

人才培养是高等职业院校的根本任务，能否培养和造就创新型人才是衡量高职院校办学水平的重要标志。在高职院校人才的培养，尤其是工程技术人才的培养上，课堂教学只是一种最基本的方式，工程思想、实践能力、行业意识的培养更需要也只能通过现场实践来进行。现代社会的发展对复合型人才的数量，对工程技术人员的管理素质、经济意识提出了更高的要求。深化教学改革，全面推进素质教育正是这种要求在教育上的客观体现，这就迫切需要高等职业院校通过加强实践教育来培养高素质人才。

从高职院校学生培养来看，产学研创有机结合，可以为学生提供更多理论结合实践的机会，有利于提高大学生的思想认识水平，为培养其创新精神和实践能力提供良好的社会氛围。由于高职院校学生入学年龄较小，实践知识少，思想认识不成熟，产学研创相结合，可以使他们深入生产、科研第一线，直接参加科研和社会实践活动，既能达到理论与实践相结合的目的，又能使他们亲自见证改革开放以来我国所取得的巨大成就，更多地了解国情，了解人民群众的生活。

在产学研创结合中，学生通过参加社会生产劳动，实现了脑力劳动和体力劳动相结合，这是培养青年学生健康成长的最佳途径，也为大学生开展科研活动提供了广阔的前景。在联合体内，高职院校学生既是科研、生产的坚强后备力量，又是参加实践的生力军。他们在联合体内承担一定的科研工作量，完成实习基地的生产任务，有利于形成独立观察、分析和解决问题的能力和实事求是的科学态度，学习知识、掌握技术、增长才干。

21世纪的教育，不仅要使学生有知识，而且要帮助学生学会做人、学会做事，把学生培养成为有社会责任感和事业心的人，有科学文化知识和开拓能力的人，有志、有为、德才兼备的人。素质教育的内涵包括学会生存、学会关心、学会合作、学会共事、学会正确处理各种矛盾、学会辨别各种是非，明确历史使命，坚定理想信念，以深厚的历史文化积淀构筑精神支柱。产学研创一体化，可以促进学校紧紧围绕创新型人才培养这一任务，更加紧密地面向社会需求，培养一支高水平、高素质的科研骨干和师资队伍，以社会需求激活学科发展和人才成长的活力，促进高层次人才的成长，为高职院校科技创新和高技术产业化提供不竭的动力。

创新人才的培养应采用创新型教与创新型学相结合的方式。所谓创新型教学是指为了提高教学效果、培养学生的创新能力，采用教学要素（包括教学内容、教学方式、教学手段的等）的新组合，鼓励学生创造的表现，以增进创造才能的发挥。创新型学则是鼓励学生在学习过程中的创新，包括学习内容、学习方式、学习手段、学习途径、知识的应用等方面的创新。创造性学习方式一方面有助于学生在规定的时间内完成学习任务，另一方面也有助于学生在完成学习任务的同时，创造性地发挥自己其他方面的能力，为自己以后的可持续发展奠定良好的基础。创新型教与创新型学相结合，可以充分发挥教学双方的积极性，从而有效地保证创新型人才培养的质量，在教学过程中启发学生大力推进高新技术的开发研究和成果推广，促进高新技术及其产业的发展。

（二）产学研创结合有利于提高高职院校科技创新能力

1982 年，中共中央提出“经济建设必须依靠科学技术，科学技术工作必须面向经济建设”的方阵；1985 年，中共中央作出《关于科学技术体制改革的决定》和《关于教育体制改革的决定》，把科技工作的重心转移到为国民经济服务上来；1988 年 9 月 15 日，邓小平在会见捷克斯洛伐克总统胡萨克时，提出了“科学技术是第一生产力”的重要论断[①]；1991 年，国务院转发了全国高等学校科技工作会议形成的主要文件——《国家教委、国家科委关于加强高等学校科学技术工作的意见》，明确提出“要实现教育、科技、生产三结合，加强与产业部门和研究单位的合作联系”；1993 年，中共中央、国务院发布《中国教育改革和发展纲要》，赋予高等职业学校培养高级专门人才、发展科学技术文化和促进现代化建设的重大任务；1995 年，中共中央、国务院发布《关于加速科学技术进步的决定》，提出“科教兴国”的伟大战略，强调要“继续推动产、学、研三结合”；1996 年，国家教育委员会在《关于加强高等学校为经济社会发展服务的意见》中明确指出，“产学合作，共同发展。这是高等学校为经济和社会发展服务、实现科技成果转化的主要渠道”；2000 年 1 月，教育部在北京召开了“全国高等学校技术创新大会”，出台了《教育部关于贯彻落实〈中共中央、国务院关于加强技术创新，发展高科技，实现产业化的决定〉的若干意见》，第一次提出教育、科研和产业发展并重的

① http://politics.people.com.cn/n/2013/1106/c70731-23449619.html.

工作原则，充分认识到加强科技创新、加快科技成果转化和高新技术产业化是高校重要的历史使命之一，产学研结合促进科技成果转化是科技成果转化和高新技术产业化的有效途径。通过这些文件，可以清晰地看到党和国家对高校发展科技产业的认识在不断深化，重视的程度在不断提高。

从发达国家高科技产业的发展过程来看，许多带动国民经济发展的重大科技突破都是依托高校完成的。例如，美国的哈佛大学、英国的剑桥大学都为本国高科技产业的发展做出了重大贡献。我国的北京大学、清华大学的发展也恰恰证明了这一点。这个趋势就是：21 世纪，大学的功能正从教育中心向科学研究中心演化和扩展，与区域产业密切对接的高职院校正由经济社会的边缘走向中心，高等职业学校的产学研创结合进程以及模式探索在国家和区域经济社会发展中的作用日趋重要。

（三）产学研创结合有利于促进高职院校的科技成果转化

发展科技和经济，只靠引进是不行的，必须要创新，而创新还必须产业化，即“转化”。产学研创结合是当今世界各国科技和经济结合的一种成功经验，而高职院校和产业界相结合的模式被公认为促进科技成果转化为生产力的最佳方式。产学研创结合的核心是推动科技成果向现实生产力转化。高职院校作为人才培养基地可以输送人才、哺育知识型企业、促进科技发展，而企业的高新技术又回到学校，可以提高教学和科研水平，促进科技创新；企业的资金流入高职院校，高职院校又以智力投资于企业，这样双方就实现资源的优化配置，结成产权和利益的共同体，形成互动的良性循环。产学研创结合，不仅把成果推向市场，而且能加快技术创新的进程，促进科技人才的市场化。

我国高等职业院校凝聚了大量高层次以及应用型人才，在人才、技术、信息等方面有较大优势，是我国科技事业发展的重要力量，其在实践性较强的应用科学和成果转化方面往往具有独特的优势。

目前我国高职院校科研实力不断增强，科研成果不断增多，在应用性研究和应用型技术研究、推动科技成果转化和高技术产业化方面、为国民经济建设和社会发展服务等方面都取得了显著成绩，并做出了突出贡献。

（四）产学研创结合有利于推进国家创新体系建设

产学研创结合问题，实质上就是要解决科技与经济一体化发展的问题。20 世纪发展经济学领域研究最活跃、影响最深远的技术创新理论的内核就是揭示科技与经济一体化发展的内在规律。技术创新理论在 20 世纪人类社会发展中的成功表现，以及 20 世纪末由此产生的国家创新体系的概念得到了世界各国的普遍认同，并被当作推动本国经济增长和提升国家竞争力的武器。1997 年，经济合作与发展组织正式提出《国家创新体系》报告。中国技术创新历经二十多年的研究与实践，已取得丰硕的研究成果和实践经验。

1. 国家创新体系的含义

“国家创新体系”是1987年由英国著名学者C.弗里曼（C. Freeman）提出的。他基于对日本出现的经济奇迹的探寻，发现在技术的追赶和跨越中，日本通产省（通商产业省的简称，主管日本的工商、贸易管理外汇汇兑和度量衡管理事务，日本内阁的一部分）从一个长远的、动态的视角出发，寻求资源的最优配置，成功地推动了日本的产业和企业的技术创新。通产省的特殊作用，促使这位学者提出了“国家创新体系”的概念。其后，历经众多学者的研究与发展，经济合作与发展组织的《国家创新体系》报告于1997年正式出台。该报告指出：创新是系统内各要素之间互相作用和反馈的结果；是这一系统内核心要素——企业为实现其战略目标有效运作其外部知识资源的复杂过程。外部知识的主要来源是其他企业、大学、研究机构和中介机构。报告特别指出，国家创新体系是基于国家角度的一组制度安排，国家创新体系的建设属于政府政策的范畴。

从20世纪初创新理论的诞生，到20世纪末国家创新体系的提出和兴起，历时近一个世纪，其理论生命的活力缘于其对社会经济运行内在规律的逻辑揭示和对社会经济发展的成功指导。

2. 国家创新体系的形成和演化

人类社会正大踏步地向知识社会迈进，建设国家创新体系，发展知识经济，已经成为各国政府和学术界的共识。从某种意义上说，人类的进步史就是一部创新史：原始社会的创新，更多的是无意的或偶然的发现；农业社会的创新，多数是个人喜好决定的非专业行为；工业社会的创新，既有单个人的发明活动，也有有组织的创新；工业社会后期，特别是由工业社会向知识社会转变时期，创新活动发展成为国家行为，成为全社会广泛参与的事业。到了知识社会，创新成为全民参与的社会行为，知识社会就是创新社会。国家创新体系正是促进和进行创新的国家体系。创新，从最初的个人行为，发展到组织行为，最后发展成为国家行为和社会行为。

从国家创新体系发展的不同阶段可以看出，国家创新体系的形成和发展，与世界经济的转型密切相关。在国际经济转型的过程中，国家创新体系的思想观念、理论基础、运行机制、政策取向、评价指标等都发生了根本的变化。国家创新体系发展三个阶段的划分，正是基于这种内在的变化。国家创新体系在从工业经济向知识经济转变过程中发挥了重要作用。

3. 我国创新体系建设问题

我国是一个农业文明国家，能否选择一个适合我国的国家创新体系发展模式，关系到我国社会主义现代化建设的成败。从国家创新体系的三个发展阶段（即国家技术创新体系阶段、国家创新体系阶段和国家知识创新体系阶段）来看，目前，知识文明国家正处于过渡时期的国家创新体系阶段，它们的国家创新体系正在向国家知识创新体系过渡，工业文明国家也在从国家技术创新体系向国家创新体系转型，如日本和韩国。由于国家创新体系的转型与世界经济的转型相一致，在世界经济正从工业经济时代转向知识经济时代的过程中，不论是农业文明国家还是工业文明国家，向知识经济的转移都将是不可避免的潮流。

4. 产学研创结合是提高国家创新体系整体效率的重要途径

建设国家创新体系的目标是增强国家创新能力，保持创新效率，进而提高综合国力和竞争实力；其主要功能是知识创新、技术创新、知识传播和知识应用；其核心组成要素是政府、企业、科研机构和高职院校。按照系统科学的观点，国家创新系统的主要功能的发挥和整体效率的提高，既要求各要素内部的高效率运行和功能的实现，为整体功能的实现奠定基础；又要求各要素之间相互作用、协调互补，实现整体的优化。而产、学、研、创的合作，正是实现国家创新体系主要功能发挥和整体效率提高的有效途径。

三、高职院校产学研创结合的利益分配机制

建立健全产学研创合作中的利益分配机制，这是产学研创合作得到巩固和发展的关键和保障。合理的产学研创利益分配机制应当是：①产学研创合作利益分配的基本原则是“互惠互利，各得其所”；②产学研创合作的各方应按投资比例分成，凡超基数的也应按超出的比例分成，这才是公平合理的利益分配方式；③产学研创合作各方为对方提供的服务都是有偿的，应坚持按劳分配的原则；④设立产学研创合作人员的业绩津贴，对合作成果定期组织评奖，并将其作为晋级提职的依据。

我国的产学研创合作已经取得了不错的成绩，在促进知识和技术创新方面起到了很大作用。但产学研创结合各方的目的是各自获取所需的利益，各方在利益分配问题上仍存在不少问题，主要反映在以下方面。

1）科技转让的价格。缺乏公认的判断标准，使各方在技术价值的判断上缺乏依据。

2）共建实体的投资比例与利润分配。一般高职院校、科研单位均以技术作价入股，企业以资金入股，合作双方担心各自利益得不到保证，在此问题上产生较大分歧。

3）合作成果归属与知识产权。高职院校、科研院所与企业在此问题上认识不一致，常各执己见，尤其是在共同中试、共同开发的项目上的分歧更大。

4）科研人员的奖励政策不配套，科研人员参加产学研创项目回报不高，在高

职院校职称晋升、业绩考核中对参加产学研创项目的价值确认较低，影响了科技人员参与的积极性。

第二节　整 合 机 制

整合机制是推动高职院校产学研创结合有效运行的组织模式，具体是指在高职院校在产学研创结合中运用系统整体性原理，在系统目标指导下实现合作中各要素之间有效的沟通与协作，以充分利用资源，从整体系统高度针对产生产学研创结合障碍的系统性原因进行调查，得出结论，降低摩擦度，消除合作中存在的问题，实现系统整合的机制。本节主要对高职院校产学研创结合的内部运行机制进行较系统的研究与分析，指出高职院校与企业间合作的最佳形式是创办大学科技区、建设科技产业孵化器、共建工程研究中心和重点实验室。

一、高职院校内部产学研创结合的组织模式

“模式”一词，《现代汉语词典》（第 7 版）中的解释为“某种事物的标准化形式或使人可以照着做的标准化样式”。按照这个解释，模式就是事物的形式，而不是就其内容而言的。每个产学研创合作项目，都会采用一定的形式，但不一定都是好的形式、成功的形式，只有那些好的、成功的形式，才有可能成为标准形式，即产学研创合作的模式。产学研创合作项目具体情况千差万别，不可能只有一种模式。模式表达了合作的结构和利益分配方式，是合作的制度安排。高职院校内部产学研创结合模式是指产学研创各方的联合在高职院校内部完成，不需要外界因素参与，也就是说，高职院校不仅为社会服务，也直接为本校的科研和产业发展服务，通过本校的科研成果创办校属公司，实现科技成果向生产力的转化。

牢牢把握培养人才这个根本，构建教学、科研、产业化协调发展的模式是高职院校办学指导思想的体现。这种模式主要是高职院校通过自己创办科技产业或建立实践基地等，促进科技成果转化为现实生产力，实现产学研创结合。它的基础是科学研究，用科学研究的知识创新源来充实教学工作的知识传播流，充实产业化的知识应用流。这个源，不仅有利于更新教育内容，提高教师队伍水平，使国内外科技前沿的内容反映在教学上，使学科建设达到国际先进水平，而且有利于加速科技成果的转化，使科研成果在国家支柱产业和主导行业中占有一席之地。因此，高职院校内部的产学研创结合，教学是根本，科研上水平，产业出活力。这样就在校内营造了一种产学研创协调发展的氛围，形成了一种积极推进科学技术向现实生产力转化的风气。

下面按高职院校内部产学研创结合主体的关系和功能简要介绍产学研创结合的主要组织模式。

（一）高职院校自主攻关、生产经营的校内产学研创结合模式

该模式的创建基于：高校为促进教学与科研结合，促进科技成果转化为生产力，筹措教育经费，利用自身的有形资产和无形资产、自己研究出的纳支成果和人才优势，创办自主经营、自负盈亏的经济实体，并将经济实体与教学实习基地合二为一，以期达到人才培养、科研发展与获取经营效益并举的目的。

这种模式的优点是减少了科研转化的中间环节，因此，科研成果向生产力转化效率高，周期短，并且该模式产学研创融为一体，所以，人才培养的综合环境好，起点高。具体讲，通过教学，引发创新思维，可以提高教师的科研创新意识和能力；通过进行科研，可以取得高水平科研成果，不断更新教学内容，提高教师的学术水平和教学质量；通过产业化，加速科技成果转化，利用重大科技成果的产业化提高学校的知名度，吸引和留住人才。同时，可以促使学校更加紧密地面向社会需要，以社会需要激活学科发展和人才成长的活力，带动学校教学、科研及产业协调发展，便于学校统一有效地管理和规划，能更好更快地把学校的科技成果转化为产品；能促进学校主动适应市场定位，加强与社会的联系；能快速地获得收益，为高校创造新的就业岗位，缓解人事体制改革带来的人力资源闲置的压力，较好地协调教学、科研与产业间的关系。

这种模式的缺点是：由于学校既是企业的创办者，又是企业的经营者，而自己的优势不在于对商品的生产与经营，而在于对人才、科技与技术的输送，加之自身优势被抑制，对逐步成熟的市场适应能力较差，与外界的信息交流有限，信息资源共享程度不高，目前，大量校内产学研创合作体举步维艰、入不敷出，被市场经济逐步淘汰就证明了这一点。

这种模式所需的条件是：①科研实力较强，能独立开发出高科技产品。科研实力是现代高职院校参与社会发展所体现出来的一种新的社会功能。依据这种模式的要求，科研工作若由自己独立完成，高职院校必须具有较强实力，在某个领域具有自身的优势，能开发出拥有自主产权的可供推广的高科技产品。②办学经费较充裕，能为科研活动购置必备的仪器，能用各种待遇吸引和稳定人才，能对一些成熟度较高的项目进行风险投资。③人才储备较好，不仅拥有技术创新的专家，而且拥有懂经营、善管理的企业家，人才类型较全面，素质较高。

（二）按功能划分的校内产学研创结合模式

功能是指事物或方法所发挥的有利作用，按照有利于产学研创结合的原则，高职院校可把产学研创结合模式划分为人才培养型结合模式、研究开发型结合模式和生产经营型结合模式三种。

1. 人才培养型结合模式

师资队伍是高职院校发展最重要的资源，培养创造型人才能够体现高职院校的办学水平，也是办学的重要基础。一方面，教学向科研提供生力军，保持科研队伍结构合理与充满活力，促进科研上档次、上水平，否则科研的源就会枯竭。另一方面，教学向企业输送人才，帮助企业培训人员，保证企业人力资源流的畅通，否则企业就要老化，最终被挤出市场。因此，在校内产学研创协调发展的链条上，师资队伍的建设，在产学研创结合的实践中大力促进高层次人才的成长，形成“事业留人，感情留人，待遇留人”的有效机制，稳定培育和造就一支具有创新素质和高水平的师资队伍，全面提高学校科技创新能力，为学校培养高素质的人才，为技术创新和科技产业化提供不竭的动力。

2. 研究开发型结合模式

从科研高度来看，科研是源，教学和产业是两个流。高校的根本任务是培养人才，特别是培养以创新素质为核心的高素质人才。学校多数科研人员兼有教学任务，他们会将最新的研究成果充实到教学内容中去，促使学校课程专业设置的调整，并从整体上提高教师队伍的教学水平。而大量的科研成果（尤其是高职院校获奖成果或高效益成果）又有利于提高学校人才培养的水平。同时，科研收益可部分用于改善办学条件，故科研是教学的源。科研为企业提供技术服务，进行人员培训、成果转让或与企业联合开发新产品，没有科研就不可能有新产品，企业就适应不了市场，所以，科研是产业的源。科研成果特别是应用型和开发型成果，只有转化为生产力才能实现科研的收益目的，才能为科研提供经费和资源，因此，生产是科研的流。

3. 生产经营型结合模式

从产业的角度看，企业是市场与社会的反映，教学培养的人才、科研出的成果最终都会流向企业。企业是教学和科研的出发点和归宿。企业从教学和科研渠道获得人才与成果后，利用自己的设备、资金、管理优势进行产业化，将一部分收益返给科研，并向科研提供前期经费开发新产品，使科研获得继续流的经费保障。同时，企业向教学提供人才培养实验实习基地和人才需求信息，极大地降低人才培养成本，提高高职院校人才培养目标调整的准确性。

从以上对产学研创结合的校内企业组织模式和人才培养型、研究开发型、生产经营型结合模式的分析，我们可以得出一个结论：产学研创结合是一个系统工程，其功能和作用都是双向的，如果只突出一方，而忽视其他各方，都会使系统受到破坏，其合作的整合效应将大大削弱。

二、高职院校与企业间合作的实现形式

高职院校与企业间的合作就是高职院校的有关职能部门通过不同的渠道与企业单位的联合，促进科技成果的转化和办学效益的提高。高职院校是以为社会培养合格人才、推动社会的进步为宗旨的非营利性社会组织，其中心任务是人才培养和知识贡献。企业则是以生产满足市场需求的物质产品和营利为目的的。因此，二者在基本价值目标和行为取向上并不总是一致的，甚至是相互冲突的。

大量事实表明，高职院校与企业的合作必须建立在双方自愿且在价值准则方面达成共识的基础之上。凡是双方合作较好且能持续、稳定发展的，必定是以实现双赢为基础的，即它们之间的联系和合作对双方都有利。而要实现双赢并不容易。因此，如何协调好二者的关系，使高职院校与企业之间形成一种稳定合作、持续发展、相互促进的良性关系，就成为高职院校产学研创合作需要解决的首要问题。我国的实践已充分证明，创办和建设大学科技园区，搞好高科技产业孵化器建设，共建工程研究中心和重点实验室是高职院校与企业间实现合作的最有效形式。

（一）创办高校科技园区

高校科技园区模式是当今世界上较为成功的一种校企合作的可持续发展模式。科技园区是利用高校的智力、人才、技术、成果等优势，在校内外的一定区域内，以高校为绝对主体，进行科学技术的研究与开发、成果转化的园区，它是高校科技工作日益社会化、市场化的必然产物。这种合作模式是政府主管部门依据高职院校的综合优势，以产学研创合作为支撑来发展高新技术的一种创举。兴办高校科技园区，是加快科技成果转化、培育高科技企业、促进高新技术产业发展的有效形式，也是实施“科教兴国”战略、实现“中国梦”的重要内容，对促进高等教育的改革、发展，提高综合国力和国际竞争力具有重要的战略意义。

自 1951 年美国斯坦福大学创办世界上第一个大学科技园区——“硅谷”以来，科技园区模式迅速成为产学研创结合的一体化模式而备受世人关注，并得到广泛采用。为适应高新技术产业发展的规律，满足新经济时代高等职业院校发展和社会经济发展的客观需要，斯坦福大学与工业界密切联系的“硅谷”模式科技园区已成为把知识转化为现实生产力、将产学研创一体化的典范。20 世纪 70 年代以来，世界各国竞相创办科技园区，并取得了前所未有的成就。

我国大学科技园区是在 20 世纪 80 年代初期迎接新技术革命挑战的历史背景下，借鉴国际先进经验而逐步建立和发展起来的，走出了一条有中国特色的产学研创一体化发展之路，以 1983 年建立的以北京大学、清华大学为核心的北京中关村科技园区为标志。1993 年的全国高校科技产业工作会议的召开和 1994 年《关于高等学校发展科技产业的若干意见》的颁布，掀起了大学科技园区建设的新篇

章。实践证明，大学科技园区不但促进了大学科学技术成果向现实生产力转化，加速了知识信息的创造、加工、传播和应用，缩短了科技成果商品化、产业化的进程，形成了新的经济增长点，而且促进了新技术和新思想的不断涌现，提高了大学的教学质量，加快了科技人才的培养。例如，以北京大学、清华大学为核心的中关村科技园区，不仅是国内最大的高科技研究基地，而且是国内最大的高科技产业基地。以北大方正集团为例，其上游是北京大学计算机科学研究所和文字处理技术国家重点实验室，中游是电子出版高技术国家工程研究中心和方正研究院，下游是方正集团公司。

上游的基础研究成果通过中游的应用研究在下游实现产业化。与此同时，下游为上游的科研活动提供信息和创造灵感，推动上游的基础研究。这种教学、科研、生产良性循环的体制，不但促进了研究水平的提高，而且促进了人才的培养。

大学科技园的创立和发展，使现代大学逐步从介入经济到成为经济的领导核心。自 19 世纪起，现代大学的职能开始转变，由单纯教学拓展到科研，后来发展到为经济发展服务，继而发展到直接创造经济效益。“硅谷”的出现则标志着现代大学已经开始登上经济舞台，并逐步占据经济的核心和领导地位。

正因为如此，昔日不被人重视的高等学府，如今在经济建设的大潮中，在“八仙过海，各显神通”的商战中频频得手，屡战屡胜。有的高校发挥智力、人力、科技优势与科研院所和企业联姻，联合开发高科技产品，在高新技术园区中发挥越来越大的作用，逐步成为中流砥柱。世界上的科技园，无一不是以大学为依托的，它们尤其注重依托著名大学特别是实力较强的理工科大学，且大多依附一个大学群。这些大学理应在其中起到孵化器的作用。

大学科技园区在以下几个方面促进和深化了产学研创的结合。

1．直接孵化高新技术企业

各个高校科技园区都积极鼓励和支持师生（尤其是毕业生）带着科技成果或创新项目到高校科技园区办企业，依靠高校的技术和智力支持，在园区的全方位服务和帮助下，把科技成果或创新项目变成成熟的商品，成功地推向市场，从而使企业成长壮大，能够在市场中占有一席之地。大学的高新技术向企业转移常常需要以人为载体。由于这些高校衍生的企业能够以人为载体实现技术转移，其成功率要比单纯的技术转让高得多。很显然，高校科技园区在孵化高新技术产业的过程中，促进和深化了产学研创的结合。

2．为高新技术企业提供技术创新基地

技术创新是高校科技园区一切活动的中心。社会上的企业在高校科技园区中设立技术开发中心或技术开发公司，也是吸纳高校的科技成果对其进行二次开发，或与高校合作进行技术开发，其实质也是进行技术创新。因此，各个高校科技园

区纷纷把自己定位为高新技术企业的技术创新基地，从而促进和深化了产学研创的结合。

3．成为创新、创业人才成长的摇篮

高校科技园区孵化高新技术企业的过程，同时也是创新、创业人才的成长过程。在科技园区这片沃土上，有作为的企业家和发明家将不断涌现。这就进一步促进和深化了产学研创的结合。

（1）建立高校科技园区的好处

建立高校科技园区对高校产学研创结合工程的有效实施的好处还体现在以下方面。

1）便于管理和协调。科技园区说到底是一个管理服务机构，它的服务是以科技产业为中心确保学校整体发展目标的实现。对于教学、科研、产业合作中所出现的分歧，科技园区的管理者会以协调员的身份，从学校整体发展需求出发，说服各方服从全局利益，提高合作的成功率。

2）实现各方利益的最大化。科技园区是学校教学工作的有力支撑者，又是校内外科研机构、企业公司的大本营，其中汇集了众多研发机构。大家共处一地，交流方便，彼此熟悉了解，供需明了，容易找到产学研创合作的最佳结合点。在具体项目合作上，可节省大量时间、精力、财力，从而保证各方利益的最大化。

3）利于纠纷的解决和保持长期的合作与稳定。事物是发展变化的，产学研创合作过程中难免出现这样或那样的纠纷，科技园区利用管理者的身份，跳出合作主体各方狭隘的利益观，能找出一个各方都能接受的解决办法，消除分歧，增加信任感，以维持各方长期与稳定的合作。

4）利于产学研创合作的完整性。服务于学校整体发展是科技园区的责任。在合作上，科技园方面会主动考虑教学的需求，反馈人才需求信息，提供研究实验检测（尤其对基础研究）设备与场所，能在相当程度上克服"学"被"产、研"肢解的弊端。

高校科技园区是大学科技产业向社会化方向发展的一种形式。在一定意义上讲，高校科技园区就是高校科技产业集团，是实施产学研创联合开发工程的重要基地。高校科技园区一方面可以孵化培育自身的高科技成果，另一方面将大量吸引国内外企业在园区内创办科技开发公司。高职院校可以凭技术和部分资金在某些企业中入股，这些公司将起到社会企业技术开发部的作用。它们引进高校的技术，在高校科研力量的指导、帮助和配合下，依靠自己的开发力量实现技术创新，将科技成果转化成商品，一旦规模扩大，实现产业化，就将其转移给母体企业或另建工厂去生产。高职院校科技企业和科技开发公司依靠高职院校的技术源头，不断开发新产品，不断使自己的产品更新换代，长期坚持下去，就会在高校和社会企业间形成一种长期稳定的互助合作关系，使高校的技术源源不断地向社会辐制，使高校科研走上与社会经济发展互相促进、良性循环的发展道路。

经过多年的建设与发展，我国高校科技园区取得了较大成就，在微电子、软件、新材料、通信技术、生物工程技术等领域形成了一批产业群体，从中诞生了一批具有一定竞争力的高新技术企业。国内外实践证明，创办和建设高校科技园区是符合现代科技、经济发展规律的国际现象，是加速高新技术商品化、产业化的一条重要途径。

（2）在高校科技园区建设方面的不足

尽管我国的工业园区，特别是高校科技园区的发展取得了很大成绩，已成为我国产学研创一体化的典型模式，但由于其处在发展阶段，还存在很多不足和问题，需要不断地进行探索和完善，存在的不足和问题主要表现如下。

1）创办高校科技园区应以高职院校为主体，必须得到政府部门特别是当地政府部门强有力的支持，而绝不是大学单方面行动。

2）发展资金不足，特别是研究和开发经费的投入较低，阻碍了企业保持和提高技术创新的能力。

3）规模不大，聚集效益差，抵御市场风险和国际竞争能力低。

4）功能错位，协同度不高，表现为部分工业园侧重于吸引资金，混同于经济开发区，园区内的企业协同度较低，协同效益不显著。

5）运行机制滞后，园区内的企业没有真正按照现代企业制度来建设，产权制度、经营管理体制均滞后于发展的需要，没有真正做到政企分开，基础设施不配套、支撑体系不健全、政策体系不完善、管理规章不到位。

（二）建设高科技产业孵化器

高科技产业孵化器模式是当今世界上比较成功的校企合作产业模式。孵化器是一种过渡转化的合作组织模式，它能为科技创新成果的商品化、产业化提供研究开发的场地、通信、网络与办公等方面的共享设施，提供系统的人员培训、市场推广、政策咨询、法律援助、融资支持等服务。

孵化器合作组织的特点是：①能够帮助科技成果的拥有者和有潜力的企业家相结合，将其初创的尚不能独立运作的小企业转变发展为能够获利的大企业；②是能够提高小型科技企业成活率和成功率的一种新型社会经济组织；③可以大大减少企业发展初期的风险和成本，为科技、管理相融合的复合型人才提供广阔的成长空间，提高创业成功率。

高校科技园区是高新技术企业的孵化基地、创新创业人才的培养基地和各类创新要素资源汇聚结合的平台。据 2017 年统计，浙江高新技术科技园孵化了10 000 家科技企业，开发新产品超过 8000 个，销售额高达 2000 亿元，促进了产业结构调整，培育了新的经济增长点，培养和凝聚了一批高素质的创新创业人才，为社会创造了 100 万个就业机会，吸纳社会各类投资 2000 亿元，强化了孵化服务功能，建立了全方位的创业服务体系。

深圳清华大学研究院也是一个成功的范例。它是清华大学与深圳市政府共建的高层次、综合性、开放式的研究院，主要从事研究开发、技术转让、高技术产业化、科技服务和高层次人才培养工作。该研究院孵化体系逐步完善，成功树立了孵化器品牌。研究院分阶段成立创业投资公司、国际技术转让中心、企业技术服务中心，提供孵化面积约 1.7 万平方米，已成功孵化 90 多家，在孵的也有多家企业，实现了孵化企业和孵化器经营企业的良性互动。

深圳清华大学研究院孵化器模式的成功，有赖于以下经营创新机制的运行：①按“官产学研资一体化”模式运作孵化器；②按“研究型大学（研究院）＋政府政策支持＋良好经济发展环境＋科技园区（配套环境）＋风险投资”五要素模式建设孵化器；③在人力资源开发、融资渠道拓展、技术开发合作、有效信息集散等方面创新经营孵化器。

曾任英国首相的撒切尔夫人认为，科技园应该是孵化场，它的主要功能就是把大学创造的科技成果的“蛋”孵化成“小鸡”，科技园之外的企业则要把“小鸡”培育成“母鸡”。曾任清华大学校长的王大中院士在总结世界一流大学的办学经验时指出：“它们不仅在知识的传授、传播、创新方面起着重要的作用，而且在知识转化为生产力方面起着重要的孵化器和辐射源的作用，推动着高科技产业的迅速发展。”曾任复旦大学校长的杨福家院士认为：“在知识经济时代，高等职业学校的地位将发生重大变化，高等职业学校不再仅是传授知识、培育人才、创造知识、丰实人类知识宝库的地方，而且将是哺育知识型企业的场所。”

从大量事实看，高等职业院校科技园区确实具有孵化器的功能。美国微软公司的出现和比尔·盖茨的崛起，被公认为知识经济开始形成的标志。而微软公司、英特尔公司等成功的经历表明，它们都是高校科技园孵化的“小鸡”疯长起来的。当年它们不过是斯坦福科技园中两三个充满幻想的青年合伙创办的微型子公司。“硅谷”为其所在地圣何塞市孵化了 3000 家高科技产业和许多开发研究机构，其中最大的是斯坦福研究所，拥有 3500 多名科研人员。“硅谷”带动了该市科技经济的飞速发展，被誉为“美国高技术的摇篮”。这个弹丸之地，1995 年的收入高达 850 亿美元，其中 62%的收入是与斯坦福大学有关者创造的。近年来，美国经济增长的主要来源就是 5000 家软件公司，它们对世界经济的贡献不亚于名列前茅的 500 家世界大公司，而这 5000 家软件公司都是高等学校“孵化”的产物，众所周知，如果没有斯坦福大学、加利福尼亚州大学伯克利分校等高校，就没有“硅谷”的一批新型知识型企业；若没有哈佛大学、麻省理工学院等高校，就没有 128 号公路旁边的高新技术产业群。

我国一些著名高职院校，如温州职业技术学院、北京工业职业技术学院、天津职业大学等，积极参与经济建设，相继催生了一批知识型高科技企业。这些企业都是依托高校人才、科技优势创办的。一些高职院校充分发挥“孵化器”的作用，在周边地区孵化了许多高科技企业，然后向四周辐射，帮助改造了不少老企业，使之获得新生，促进了经济的快速发展。高等职业院校应该努力发挥“孵化器”的功能，为现代化建设做出更大的贡献。

产学研创结合是促进高职院校科技成果转化的“孵化器”，这已是一个不争的事实。但如何使这种“孵化器”作用更大，需要我们在实践中不断探索。在产学研创结合中，促进高职院校科技成果产业化必须遵循两条基本规律：社会主义市场经济规律和科技发展的规律。要遵循双重规律并处理好产学研创结合的关系并非易事，在长期计划经济体制下，产学研创结合的“围墙”重重，在当前经济转型时期，人们认识到要冲破“围墙”，加强合作，却又缺乏理论指导和实践经验，往往使这种合作流于形式，不能持续发展。

此外，产学研创的有机结合、相互促进是以产和学都具有一定的活力为基础的，这是产学双方生产力的体现。目前，不仅一部分企业缺乏活力，科教系统也缺乏活力。因而，它们结合起来的“化合反应”是不充分的，效率也不会高。近年来，在产学研创结合的过程中出现了许多不尽如人意的状况，其中一个重要原因就是没有理顺高校与企业发展之间的关系，双方往往从自己的利益出发，难以形成真正的利益共同体，一些靠行政手段撮合的“姻缘”也往往是“貌合神离”，从高职院校现有的科技开发运行体制来看，我国许多高职院校主要以课题组为主承担项目。这对于激活个体活力，争取科研经费和增加科研成果起到了积极的推动作用，但也存在“小型、分散、自发和各自为政”等弊端，容易出现“宁为鸡头，不为凤尾”的现象。同时，由于受学科门类的限制，工艺、工程集成能力不强，创新能力缺乏，更由于“小作坊”的形式，产品开发方面又限于资金的限制，科技开发研究往往是虎头蛇尾，致使产学研创结合在高科技成果转化中的“孵化器”作用不能得到有效发挥。这些问题只有通过改革的深化和进一步发展去克服和解决，也只能在产学研创结合的过程中完善和解决。

（三）共建工程研究中心和重点实验室

工程研究中心模式是一种成功的校企合作科技开发模式。它是指根据国家产业发展的规划，在国家或地方部门的支持和组织下，选择有优势的学校或学科专业，联合有关工业部门和企业，成立国家级或省部级的“工程研究中心”，或以一些大学为依托，成立“联合工程研究中心”等大学与工业界在新形势下产生的新的合作模式。它是 20 世纪 80 年代后期，美国产业界面临产品开发高费用、高风险、产品更新换代加快和国际国内竞争压力大的新挑战，为提高产品竞争力，在联邦政府支持下，产学研部门之间建立起来的合作科研开发模式。美国从 20 世纪 70 年代开始，陆续建立了“大学-工业合作流中心”、“工程研究中心”和“科学技术中心”，这三类中心都设在大学中，对美国的经济增长起到了强有力的推动作用。最典型的例子是美国国家科学基金会在大学设立的工程研究中心。

我国从 1984 年开始，由国家计划委员会会同教育部、中国科学院、卫生部、农业部实施了旨在支持基础研究、应用基础研究和培养高层次人才的“国家重点实验室计划”。到 1995 年已有 155 个国家重点实验室陆续投入建设和运行，涉及 96 个承担单位，其中高等学校 48 所（包括教育部直属院校 24 所，其他部委院校 24 所）。此后在此基础上在高等职业院校建立了 30 多个国家级的或面向行业的集教学、科研、生产于一体的工程研究中心。这种形式的优点：一是研究经费有保证；二是研究课题选题可靠准确；三是有利于科研成果的产业化。

工程研究中心应以市场为导向，以工程技术优势为支撑，通过对国内外有市场前景的科技成果进行工程化、配套化、成熟化的研究开发，并向企业转移，初步形成科技成果的聚集地和工程化成果的扩散源。目前，有的工程研究中心已开始在技术开发、经济发展和人才建设三个方面形成良性循环，取得了较为显著的阶段性成果。各种类型的工程中心逐渐成为一支推动科技成果转化的生力军。

工程研究中心作为一种产学研创结合的典型科技开发主导型模式，体现了高等职业学校与企业在较高层次上针对国民经济或行业中重大、关键和带有普遍性的技术问题进行联合研究开发，集研究、开发、生产和市场于一体的组织形式，为高职院校与企业结合找到“接口”，也是科技成果产业化的“通道”。同时，从工程人才培养的角度看，它对提高高职学生的培养质量也起到很大作用，更可贵的是还可以培养出一批具有一流水平的高级人才。

工程研究中心的建立，旨在探索一条在市场经济条件下，以市场为导向，依靠企业力量，充分发挥高职院校的依托单位作用，以技术和资金为连接纽带，建设集教学、科研、生产于一体的股份制企业集团，形成稳定的经济组织和利益共同体，并按照现代企业模式运行，从而解决资金短缺、中试基地规模有限以及适应市场经济能力差等突出矛盾的新思路。

工程研究中心把密切高职院校与企业的联系、推广高新技术、加速实现产业化为工作目标，创造出一条高职院校与企业共同实现技术创新、培养优秀人才的新路子，为企业的技术开发以及高职院校的教育、科研发展奠定了基础。

从工程教育的角度来看，虽然这类中心的主要作用是科技开发并转化为生产力，实际上，它对提高学校的整体水平，推动教育教学改革，提高在校学生的培养质量等，也可以起到很大作用。这方面的一个典型例子是上海交通大学的“国家模具 CAD 工程研究中心”。该中心在上海汽车工业总公司以及原国家教育委员会的支持下，依靠自己在模具 CAD 技术上的优势，经过十多年的努力，从一个固定资产不到 160 万元的专业实验室发展成为拥有 2000 万元固定资产的教学、科研、生产一体化的实体。该中心以 CAD/CAM 的研究及软件开发为主导方向，取得了不少科研成果，推动了所属企业的模具技术发行和新产品开发，并辐射到 20 多个省市的 400 多家企业。更重要的是，作为教学基地，该中心用高技术改造了传统产业，原来的压力加工专业已拓展为塑性成型加工系，设立了博士点、硕士点和博士后流动站。在教学改革上，探索出了培养人才可柔性转换的教学改革经验，大大增强了本科生的适应性，提高了毕业生的整体素质和能力，同时培养了大批素质高、水平高的硕士和博士，成为有关企业的“抢手货”。由于教学和科研成绩突出，经国务院学位委员会评审，该中心的博士点和硕士点被评为A级水平。这种产学研结合模式，推广起来尽管会有诸多困难，但工业部门选择有某种优势技术的高职院校或专业学科建立这类“工程研究中心”是完全可行的，不失为把工程教育带入21世纪的一项十分重大的举措，是今后学校与企业进行产学研创结合的一个重要方向，但由于诸多条件限制，目前大面积推广比较困难。

高职院校和企业共建重点实验室，也是实现学校和企业产学研创结合的一种科技开发型模式。学校与联合办学共建单位共建共享实验室，实现实验室资源共享，这是在不影响学校科研部门和企业正常生产、经营与科技开发活动的前提下，利用共建单位先进的仪器设备和可开放实验室进行科研和满足学校教学计划需要的一种合作办学形式。

当前，学校与共建单位合作建设实验室主要有两种途径：一种是把重点实验室建在学校；另一种是把重点实验室建在共建单位，相互开放、共同建设、共同使用。高职院校依靠共建单位建设重点实验室的最大好处是培养的学生能随时接触到企业新的设备和技术。共建共享实验室，有利于高职院校调动更多的教师参与科研，多出成果，多出人才；弥补了高职院校在教学仪器设备方面投入的不足，避免了重复投资建设，既提高了有限资金的利用率，也增强了学校的实力，使学校的办学效益明显提高；同时，也使共建单位的仪器设备在更好的利用中得到了增值。

重点实验室的主要任务是加强基础研究和应用基础研究。根据国家和企业的发展需要，重点实验室必须解决国家或企业在经济发展当中存在的重大技术问题，为企业技术革新做好技术储备工作。

（四）大力兴办高科技企业

为迎接知识经济的到来，高职院校要充分发挥自身的优势，在培养人才和开展科学研究的同时，直接面向经济建设主战场，兴办高科技企业，将自己的科研成果，通过科学的方式投入生产，转化为生产力，高校兴办科技企业须凭借自己的优势，将自己研制开发的新产品投入生产，不要盲目上马投资多、耗费资源量大的项目和建厂周期长的企业，而要兴办科技含量高、投资少、附加值高的知识型企业。知识经济时代的来临为高职院校办企业参与经济建设提供了大好时机，因为知识经济中的第一要素，既不是土地、货币，也不是稀缺资源，而是属于无形资产的知识，此外就是拥有知识的人才。知识和人才都是高校的巨大优势，高校如果发挥这两大优势，努力兴办有特色产品的高科技企业，且经营得当，便会获得巨大成功。

高校兴办高科技企业获得成功，一个重要秘诀就是使研究开发与科技成果的转化应用统一起来，知识经济的特点也正是使高职院校把实现学术抱负与占领市场统一起来的动力。德国《明镜》周刊的《这里创造未来》一文认为，“麻省理工学院是美国最富创造力的发明家大学，学院的师生在现代科学的最前沿，他们在这里创造美国赖以占领全球未来市场的科学知识”，“几乎没有任何一所大学能像它那样把科研与市场营销、学术上的远大抱负和追求利润紧密地联系在一起”，“激励麻省理工学院师生不断向前的是由学术抱负、先锋精神和企业家欲望混合而成的校风”。更重要的是，麻省理工学院及世界其他一些一流大学都是把“诱人的尖端技术及能看得到的利润作为发展的主要动力”。

世界上许多著名的高校正是把学术上的远大抱负、科学尖端技术上的强烈追求与市场的占有、利润的追逐合而为一，从而使它们在科技开发与财富创造两个方面获得双丰收。我国北大方正集团曾经的决策者王选院士在总结集团发展经验时曾深有感触地说：“学术上的远大抱负与占领市场这两者，在一定的条件下可以是高度一致和相互促进的，因为只有创新的、技术含量高的产品才容易在市场上赚大钱。一个技术含量不高的产品一旦在市场上走俏，马上就会有一大批厂商蜂拥而上，很快就会使利润急剧下降，甚至无钱可赚。”

三、高等职业院校与企业建立合作模式所需的条件

高职院校与企业建立合作需要具备以下条件。

1）高职院校应具备解决企业困难的能力，应建立市场导向型的科研主导机制，高校的科研发展要先于企业及市场需求。校企联合的先决条件是企业能取得高职院校的支持，解决其在实践中的困难。为了满足企业的这种要求，高职院校要主动做好市场调研，自身的成果要具有实用性、超前性。面向市场需求是高职院校科研的主要方向。

2）企业不仅要克服短期行为，还要具备支撑双方联合的能力，在科研、资金、人才、环境等方面应有一定的基础。校企联合应是一个长期的发展过程，过分追求眼前利益不利于双方的发展，同时，企业要想更加充分地利用高职院校资源，必然需要挖掘自己的潜力，对科研成果的孵化做好铺垫，为高职院校的发展做出自己的贡献。

3）外部环境要具有适应性，就是要从政策、市场、体制等方面创造条件，促进校企联合。校企之间的产学研创联合涉及不同行业、不同领域，困难多，难度大，但联合效益明显。所以政府要按照社会发展的需求，营造良好的综合环境，促进校企联合的快速、健康发展。

国内很多高职院校就是采用这种模式进行产学研创联合的。在改革和发展过程中，努力发掘知识创新、传播和应用的集成功能，拓宽产学研创结合的路子，充分发挥大学技术创新的作用。产学研创结合的特点是构建一个由“三个层次、三条主线”为网络的发展体系。

三个层次是：①从构建校内产学研创结合模式起步，营造良好的科研创新环境；②投身社会产学研创结合实践，与产业界建立紧密合作的伙伴关系，进入国家技术创新主战场；③进一步拓宽产学研创结合的视野，探索国际产学研创结合模式，促进国际先进技术优势转化为国内的技术创新能力。

三条主线是：①通过人才培养，为提高创造能力培养大批高素质创新人才；②通过科研攻关，为企业技术进步提供大量的创新成果；③通过科技服务，致力于高新技术产业化，和企业紧密联合。

一方面，全力促进传统产业的高新技术化；另一方面，大力发展高新技术产业，以服务求支持，以贡献求发展。办学指导思想是坚持以人为本，“三足鼎立”，即牢牢地把握培养人才这个根本，构建教学、科研、产业化协调发展模式。这个模式的基础是科学研究，用科学研究的“源”充实教学工作的“流”，充实产业化的“流”。这个“源”，有利于更新教学内容，提高教师队伍水平；有利于加速成果的转化，使科研成果在国家支柱产业和主导行业中占据一席之地。高职院校正是在探索产学研创紧密结合、协调发展的过程中增强了办学活力，提高了办学质量和效益。

4）有一批围绕学科形成的很有生机的教学、科研和产业化相结合的实体。这些实体的特点是以学科发展为基础，在组织结构上既是教学组织，又是科研组织，也是产业化组织。这样的组织能够营造一种围绕学科建设抓产学的氛围，有利于形成一种积极推进科学技术向现实生产力转化的风气，提升自我造血功能，明显提高科研成果转化率和转化速度。

四、高等职业院校在促进产学研创结合中的地位和作用

知识经济时代，知识作为一种新型的生产力要素，开始参与人类的众多而重要的生产活动，因此，知识的生产、分配和消费成为社会经济活动的重要部分，在社会进步中起着关键作用。知识的作用从以往的不被觉察并潜隐在生活中，发展到今天，已是生产活动中的显性存在。因此，人对知识的创造、掌握和运用，就紧密地与社会发展、科技进步、经济飞跃和财富积累结合在一起。于是，现代社会充满着对高级人才的渴望、对高新技术的期待和对先进管理的追求。作为高级人才、高新技术、先进管理知识的摇篮，高职院校必然越来越受到重视，高职院校在促进产学研创结合中的地位和作用也越来越重要。

（一）高职院校在促进产学研创结合中的地位

承担培养人才和进行科研工作任务的高职院校，具有整合知识创造、加工、传播和应用的作用。在产学研创结合中，高职院校和高新技术产业之间的互动，能把智力资源与生产结合起来，使高校的新技术和新思想及时移植到企业，从而帮助企业加快技术创新，建立和保持竞争优势。从这个意义上说，高校是高新技

术企业创业的“摇篮”。高新技术园区的发展为这一点提供了有力的支持。

据对美国“硅谷”和北京中关村等高新技术园区发展模式的探讨和分析发现，虽然它们在发展新技术方面都有着适应各自国情和特点的模式，但总的来说，有一个共同特征，那就是与高新技术直接相关的高校开始进入经济运行过程之中，并直接参与经济活动，高校开始从工业经济时代处于经济社会的边缘走向知识经济时代经济社会的中心。

（二）高职院校在促进产学研创结合中的作用

在产学研创结合中，高职院校的作用主要体现在以下两个方面：

一是高职院校通过加强与高新技术有关的教育，为高新技术产业的发展提供了“人才库”。国内外的经验证明，无论是兴办高新技术开发区还是改造传统产业，首要的条件是要有一个能促进人才成长、释放人才力量的软硬件环境。因为科技人才既是与高新技术有关的知识的载体，又是这些知识的创造者。传播知识、造就人才是高职院校促进科技与知识发展的最根本、最本质的价值表现形式。

二是高职院校通过研究与高新技术有关的科学，为高新技术产业的发展提供了“知识库”和“思想库”。高新技术园区要发展，就必须不断地推出新知识、新思想、新创意、新技术、新的管理方式等。而高职院校在科学研究方面有学科、人才、信息、学术环境等优势。

高职院校在与社会产业（企业、集团）部门通过互相联合、双向参与等多种形式共同培养人才，备受教育界推崇。校内组织模式，有利于产学研创各方更好地合作，使高职院校在产学研创结合中的作用发挥得更充分。

1）从高职院校与企业全面合作的角度看，双向参与、共同建立合作教育领导机构，共同制订和实施育人计划，是实现高级人才培养目标的一种有效措施，有利于学校面向社会和企业需要培养人才。

2）从人才培养的角度看，它打破了学校“封闭式”培养人才的传统模式，建立起一种在教育教学过程中把学生置于学校和社会生产实践两种教育环境下培养，经受全面锻炼的机制。学生在学习期间就能了解生产、接触实践、发挥创造精神、增强专业技能，这是教育与社会实践、教育与生产劳动相结合，培养应用型、复合型人才的有效途径。产学研创合作教育计划是由学校和产业部门共同制订和实施的，它将教学与生产、理论与实践、培养与使用很好地结合了起来，使用人单位和学校都能充分了解人才培养和使用的反馈信息，能更好地提高人才的培养价值和使用价值。

3）从研究开发的角度看，它有利于调动人才培养单位和用人单位两方的积极性，教学可以促进科研，科研成果可以充实教学内容，有利于学校师资队伍建设、办学条件改善、教学质量提高和人才素质培养，以及为企业输送高质量、高素质的人才和提供高科技服务，提高企业的经济效益和市场竞争力。

4）从产业的角度看，学校培养的人才、科研创出的成果，最终都会流向企业，企业是教学和科研的最终归宿。高校以人才和先进技术支持企业，企业以资金和优越的实践教学基地支撑高职院校，形成了学校与企业的优势互补、互惠互利、互为依存、共同发展的密切关系。这种新机制，既保证了联合办学的稳定性和长期性，又为校企双方的共同发展带来了勃勃生机，并且改变了过去那种单靠国家经费办教育的体制，为高等教育的发展增加了经费来源，减轻了国家财政负担，补充了学校办学经费的不足。

尽管高校产学研创整合机制促进了高职院校办学水平和办学效益的提高，但在具体的办学实践中，各院校要实事求是，针对自身的特点采取相应模式，切莫盲目攀大求新，否则，欲速则不达。

第三节　沟 通 机 制

产学研创结合系统的运行过程实际上就是对研究与开发成果进行技术创新与扩散，直到形成产业的过程，产学研创结合系统中的新技术构想产生、研究与开发、设计制造、市场开发与销售等各个环节必须形成一个良好的相互沟通交流的机制，无论在哪一个环节的运行中出现界面障碍，都会导致产学研创结合系统运行困难乃至结合的破裂，因此消除产学研创结合系统的界面障碍问题对于建立良好、高效的高校产学研创结合机制就显得极为重要。本节主要通过对信息传递在高校产学研创结合中的重要意义的系统分析和阐述，以及对高校产学研创结合系统中管理界面障碍的成因分析，指出我国高校产学研创结合信息沟通的主要内容方式，探索建立高校产学研创结合沟通机制的有效途径。

一、信息沟通在高校产学研创结合中的重要意义

信息的沟通是产学研创合作系统内界面融通的关键，加强信息的交流沟通，减少信息黏滞，是促进产学研创结合系统各个环节的有机联结，消除产学研创结合系统各种管理界面障碍，使之不断、有效融合的基础。

高校产学研创结合系统的运行存在多个环节，如研究构想的萌生→研究、开发→设计、中试→制造、销售等，这些环节的存在构成了多种相互作用的关系，而这些关系又形成了产学研创结合系统的管理界面。

高校产学研创结合系统的管理界面又分为产学研创合作系统组织（即研究开发部门、生产制造部门、市场营销部门）间职能界面和产学研创结合系统组织内职能界面。产学研创结合系统组织间职能界面主要包括研究与开发界面及市场营销界面、研究与开发界面及生产制造界面。产学研创结合系统组织内职能界面主

要包括研究与开发界面、工艺设计与制造界面。现就产学研创结合系统中的各个界面及其障碍表现进行分析。

（一）加强信息沟通有利于消除 R&D 界面及市场营销界面障碍

在产学研创结合系统的运行过程中，研究与开发（R&D）部门和市场营销部门的职能极为重要。在高校产学研创结合系统内研究与开发的职能是经济、高效地研究与开发出技术含量高、产业化前景好的新产品，市场是研究与开发的源泉，也是其成果的归属，而市场营销部门的职能是不断开发新产品的概念并成功地将其付诸实践，使研究与开发成果在市场中有效扩散。因此建立良好的研究与开发及市场营销界面是提高产学研创结合的整体效益、降低研发风险、加快科技成果转化速度、加强人才培养针对性的必然要求。然而，由于部门职能的不同，在 R&D 及市场营销界面存在以下阶段性的界面障碍：在研究构想的萌生和研究、开发的起步阶段，R&D 部门不能将营销理念早期融入，营销部门也不能给予 R&D 以充分、有效的市场信息支持。在成果实现及商业化阶段，R&D 部门没有积极介入营销，给营销工作带来困难，同时营销部门也不能及时、准确地向 R&D 部门反馈客户对产品性能的意见和建议。界面双方缺乏交流与沟通。

（二）加强信息沟通有利于消除 R&D 界面与生产制造界面障碍

在高校产学研结合系统中，R&D 部门与生产制造部门是分离的，R&D 成果在中试成功后才能进入生产制造环节，因此 R&D 界面与生产制造界面的有效联结沟通机制的建立是形成良好的 R&D 界面与生产制造界面的基础。

由于生产制造部门是研究与开发的主要用户，因此在项目开发初期即逐步介入可以在很大程度上避免研究成果制造可行性较差，以及生产成本过高的问题。同时有效的界面交流沟通体系的构建，有利于培养 R&D 人员的生产制造导向意识以及促进双方在产品开发中的协调与配合。R&D 界面与生产制造界面的主要障碍因素是缺乏沟通意愿和沟通渠道。

（三）加强信息沟通有利于消除 R&D 界面障碍

R&D 界面属于 R&D 部门的内部职能，同样也存在必要的联结与沟通需要。研究环节需要为最终的生产制造阶段提供制造方法的思路，而开发环节则需要确定制造方法的实现方式，而这些环节能否顺利联结又取决于 R&D 人员的技术理解水平是否一致，两个环节的信息交流是否及时，渠道是否顺畅。而研究与开发界面障碍主要是在研究与开发环节之间缺乏技术理解和经营性的信息交流沟通。

（四）加强信息沟通有利于消除工艺设计与制造界面障碍

工艺设计与制造界面属于生产制造部门的内部职能，工艺设计与生产制造环节的冲突会导致设计和制造环节的不匹配，因此在设计环节就需要对生产制造部门的现有工艺流程、设备和工艺能力等相关信息加以了解，这有助于降低制造成本、提高生产效率。工艺设计与制造界面出现障碍主要是由于存在组织界限而使设计和制造部门分离，造成信息沟通的阻断。

二、产学研创结合中信息沟通的主要内容

在高校产学研创结合系统内，界面障碍的表现多种多样，其产生的缘由也十分复杂。虽然宏观目标一致性使产学研创结合系统各职能部门之间能够基本协调，但仍有一些共同性的原因，如目标差异、信息黏滞、文化冲突等，导致产学研创结合系统存在界面障碍，而导致产学研创结合系统界面障碍的最主要、最关键的原因是系统内各界面之间的信息流通与传输障碍。因此产学研创结合中的沟通主要是针对目标追求差异、文化冲突、信息交流不畅等方面的问题进行的。

（一）针对目标追求差异方面的沟通

由于产学研创结合系统内不同的职能部门、流程之间对目标追求的认识存在差异，因此会产生界面障碍，如负责研发工作的部门主要致力于新产品的开发与研究工作；由于衡量其业绩的标准是新产品的高技术含量比重、新产品的技术先进程度等指标，因此其追求的目标是新产品的技术档次；生产制造部门由于自身利益的原因，更关注生产的可行性、现有工艺设备能力的发挥、生产制造成本的降低，因此其追求的目标是低成本、高产出。

由于各个职能组织都倾向于从自己的角度来考虑处理问题，各自强调自己的重要性而要求资源倾斜，忽略了其他部门或流程的作用与配合，相互之间的冲突时有发生，界面衔接不畅。因此加强对产学研创结合系统中各组织目标追求过程中的信息沟通也是极为重要的。

（二）针对文化冲突的沟通

在产学研创结合系统的运行管理中涉及文化的因素越来越多，文化的作用也越来越重要，不少管理界面障碍问题的产生与产学研创结合系统成员之间的文化冲突有关。在高科技时代背景下，人类所创造的文化体系正在发生剧烈变化，事实上高科技本身也是一种文化，技术变革对人们心理、生理等多方面的影响日益突出。为了适应这一变化，必须促使产学研创结合系统成员从原本只注重自身利益的文化价值取向转向更多地关注系统整体效益。

（三）针对信息交流不畅的沟通

在产学研创结合系统的运作过程中，信息黏滞问题的存在使不同职能部门都只对自己的职能领域相关信息较为了解，但常缺乏对其他职能部门的了解和了解

愿望，尤其是在某些技术相关知识上，每个职能组织都从自己的角度出发来考虑新产品、新技术的开发过程，而忽略对其他组织的作用和影响，经常引起产学研创结合系统中各个职能部门、各个流程中的信息阻碍，使产学研创结合系统的运行变得困难起来。因此，必须加强沟通，消除信息黏滞问题。

三、产学研创结合中信息沟通的主要方式

产学研创结合系统运行过程中需要进行信息沟通的内容比较多，因此，沟通的方式也应该是全方位、多渠道的，既要加强产学研创结合系统内部的信息沟通，也要加强外部的信息沟通；既要重视有具体组织形式的信息沟通，也要重视无具体组织形式的信息沟通。

（一）通过界面管理，采取各种措施和手段加强信息的有效沟通和整合

1）通过定期召开报告会、调度会，联合制定规划，共同访问潜在用户等特定的工作程序，促使存在沟通障碍的部门进行对话，以加强沟通、消除障碍。

2）充分利用各种工作例会交流信息，使产学研创结合系统各部门对其他部门的工作进展情况、发展方向、工作中的阻力和困难有所了解，以及时提出意见、提供相关信息、调整工作偏差。

3）经常性地组织内外部的小型学术研讨会，对产学研创结合发展过程中遇到的技术瓶颈问题进行研讨，整合各类信息，共同寻求解决办法。

4）采取适当的教育培训方式，提高人员整体素质，为形成部门之间的共同语言提供一个开放坦诚的交流环境。

（二）重视利用各种非组织形式的沟通方式加强信息沟通

1）充分利用高职院校良好的校园网络优势，发布研究信息，寻求合作对象，开设相关论坛进行研讨、交流，加强信息沟通。

2）建立网上信息传递机制，并建立专门的信息数据库，用于保存在工作中积累起来的各种信息资源，以提高信息传递的速度和拓宽信息查询的广度。

3）有意识地建立各种沟通“桥梁”，进行岗位流动，帮助人们去跨越各种障碍，如政策桥梁、组织桥梁、程序桥梁和人际桥梁等。美国的科德克斯公司（Codex Corporation）就让营销人员定期在产品技术部门工作一段时间，成立联络机构，由需要沟通的部门人员参加，专门负责联络沟通工作等。

4）采取一些非组织的沟通方式，如组织不同部门联欢、请对方参观考查自己的工作进展、征求对方对项目的意见等，也有助于信息的沟通。

（三）培养技术型桥梁人物

技术型桥梁人物可以站在产学研创结合系统的内部与外部之间，是技术核心，

它可以跟踪监测市场环境变化，转换和吸收外部的技术信息知识，经常性地在产学研创结合系统内部各个界面之间进行沟通，使新信息、新知识不断被系统内的其他个体所接受。技术型桥梁人物在产学研创结合中的沟通作用也是非常重要的。

第四节　学 习 机 制

学习机制是高校产学研创结合持续发展的根本途径。

产学研创结合过程实际上也是一个各种文化知识的融合与积淀、积累和提高的过程，而且这种融合对产学研创结合系统的顺利运行和持续发展极其重要。在产学研创结合过程中进行各种文化、信息的交流与沟通，可以有效地消除各种界面障碍，保障产学研创结合的顺利运作。而使产学研创结合能够持续发展，则既需要沟通、交流与融合，又需要不断地进行学习，以积累知识，保持一种创新的渴望，不断实现自我超越。

本节主要指出高校产学研创结合必须走可持续发展之路才能有旺盛的生命力，而要真正实现高校产学研创结合的可持续发展，必须构建一种基于自组织的学习型组织，不断实现自我超越，保持创新动力，从而使高校产学研创结合朝着持续健康的方向发展。

一、学习型组织

（一）学习型组织概述

1．学习型组织的起源与发展

“学习型组织”的最初构想源自计算机内存发明人、系统动力学创始人、美国麻省理工学院弗里斯特（Forrester）教授在1965年发表的《一种新型的公司设计》一文，在文中，他运用系统动力学的原理非常具体地描绘出未来企业的思想组织形态——层次扁平化、组织咨询化、系统开放化，逐渐由从属关系转向工作伙伴关系，不断学习，不断调整结构关系。

而“学习型组织”作为一个概念，是由阿里·德赫斯（Arie de Geus）在《长寿公司》一书中首次提出的。自1990年彼得·圣吉（Peter Senge）出版《第五项修炼——学习型组织的艺术与实践》一书以来，管理学界一直将学习型组织理论作为当代最前沿的管理理论之一，而且该书也成为学习型组织理论的代表作。它的主要内涵是“欲求新发展，必求新观念”，通过改变社会、组织和个人自身的精神世界来改造自我、创新生活和创新世界，一般包括六个方面：转换心灵——学习型组织的基本特征；自我超越——唤醒心中的力量；改善心智模式——转换心灵的奥秘；共同愿景——打造命运共同体；团队学习——深度会谈共同提高的艺术；系统思考——从广角镜看世界。这六个方面是相互联系、共同发展的。

对于学习型组织的清楚定义和确切内涵，就连其最早提出者——阿里·德赫斯先生和彼得·圣吉博士都无法完全阐述清楚。美国学者卡伦·E. 瓦特金斯（Karen E. Watkins）和维多利亚·J. 马席克（Victoria J. Marsick）曾提出过学习型组织的 7 个特质；中国学者吴明烈也阐发了学习型组织的五大要素，张声雄也为我们概括了学习型组织 6 个方面的基本内涵。他们的定义各有侧重。我国学者王安益给出了这样的定义：学习型组织就是通过培养弥漫于整个组织的学习氛围，充分发挥员工的创造性思维能力而建立起来的一种有机的、柔性的、扁平化的符合人性的持续发展的组织，它是人类共有、世界共创的现代管理理论，代表了管理理论的发展趋势。

彼得·圣吉博士所希望建立的学习型组织是这样的一个学习团体：它是一个具有生命的有机体，无论面对怎样前所未有的复杂、混沌、变化，它总能灵活伸展、轮转向前。在这个团体中人们胸怀大志，心手相连，相互反省求真，脚踏实地，勇于挑战，不为眼前近利所诱惑，以远大的共同愿景，以整体搭配的双策与利动，充分发挥生命的潜力，大家得以不断突破自己的能力上限，创造真心向往、超乎寻常的结果，培养全新、前瞻而开阔的思考方式，全力实现共同的抱负，并不断探索如何共同学习，从而在真正的学习中体会工作，追求内心的成长与自我实现，并与周围世界产生一体感。

2. 学习型组织的定义和内涵

学习型组织是一种不同凡响的、更能体现人性的组织模式，它有着崇高而正确的核心价值、信念与使命，具有很强的生命力与实现梦想的共同力量，不断创新，持续蜕变。它首先是一个学习团体，其次是一个更能体现人性的组织模式，最后它有共同的价值观和共同愿景，并具有很强的生命力。

从上述对学习型组织的定义中我们可以归纳出学习型组织三个层次的内涵。

1）层次扁平化。在学习型组织中，已经不存在各种等级制度，员工之间由原来的彼此顺从关系转变为伙伴关系。

2）组织咨询化。整个组织就像一个咨询公司，员工之间彼此询问、学习，相互之间的关系非常和谐、融洽。

3）系统开放化。组织本身形成了一个系统，而这个系统又是社会系统的一部分，它能与社会有机地结合起来。

3. 学习型组织的主要特征

学习型组织只是从文化角度来定义组织的。学习型组织是以信息和知识为基础的组织，这种组织实行目标管理，成员能够自我学习、自我发展和自我控制，由于组织中的信息流是自下而上的，因此，要想使以信息为基础的系统发挥作用，必须要求每个人和每个部门都为他们的目标、任务和联系沟通承担起责任。每个人都必须自问：我能为组织贡献什么？我必须依靠谁来获取信息、知识和专门技能？反过来，谁又依靠我获取信息、知识以及专门技能？这样的组织能促进成员的自我学习和自我发展。

学习型组织具有以下一些特征。

1）适应于团队工作而不是个人工作。传统的直线结构以自上而下的指挥取代了人们寻求合作的自然能力，这是不能够适应时代挑战的。目前国内外可行的管理创新几乎都在一定程度上依赖于团队的力量。

2）适应于项目工作而不是职能性工作。当员工从静态工作转向解决一系列问题时，他们将工作组织成项目，每个项目都需要一个跨部门的小组，这些小组随着项目的进展而一起学习。

3）适应于创新而不是重复性的任务。在电子技术日益发展的今天，重复性工作将越来越多地由计算机处理，人的工作是创新和关心他人，这是计算机所不能做到的。

4）有利于员工的相互影响、沟通和知识共享。学习型组织都着力于形成一种宽松的、适于员工学习和交流的气氛，以利于员工间的沟通和知识共享。

5）有利于整个组织的知识更新和深化。学习型组织一般会建立一定的学习制度，定期组织教育和培训，鼓励员工学习，不断更新和深化自己的知识。

6）有利于组织集中资源完成知识的商品化。学习型组织可以将一些在知识和经验上互补的员工集中起来共同进行研究开发，加快知识的商品化过程。

7）有利于增强对环境的适应能力。由于不断地吸收新信息和新知识，学习型组织能够站在时代的前端，把握住组织所处的大环境，随时调整自己的发展方向和适应能力。

（二）产学研创结合的学习型组织的主要特征

建立产学研创结合的学习型组织并不是要将产学研创结合组织变为一所学校，而是指学习要在产学研创结合组织发展中起到重要作用。这里的学习具有特定的含义：一是学习与工作不可分离，既要将工作的过程看作学习的过程，强调工作中的反思，将工作学习化，又要将学习看作与工作一样，进行规划、检查、考核，将学习工作化；二是除了个人学习，它更强调组织的学习、团体的学习；三是学习的动力来自组织的内部，是为了实现组织持续发展的愿景而形成的自组织的结合。

学习型组织的管理模式也有别于传统的管理模式。它更依赖于组织成员个人的自主、自觉，依赖组织内部的相对稳定的运行机制，而不是靠权力、靠长官意志、靠行政命令来推动组织系统的运转。

产学研创结合的学习型组织的主要特征如下。

1）决策层具有宽广的胸怀和前瞻性的目光，永不满足于现状，勇于自我加压，不断开拓创新。对眼前暂时的胜利和成功，哪怕是有一点点的满足感都是一个组织生存和持续发展的最大障碍和敌人，这是在中国和世界历史上被无数事例所反复证明了的真理。一个国家和民族的生存和发展如此，对于产学研创结合组织的生存和持续发展来说也是如此。这也是许多企业构建学习型组织的动因。例如，安徽江淮汽车集团的决策者在企业的发展过程中，发现企业员工中存在沾沾自喜、不思进取的潜在危机，从而决定构建学习型组织这样一种更能体现人性的和谐、完善与发展的组织模式。而美国麦肯锡咨询公司则是在企业面对外界强大的竞争压力时才开始着手构建学习型组织。虽然两家企业构建学习型组织的具体动因不同，但其出发点和基本思路是一致的，都是通过自我挖掘内部潜在的危机，以宽广的胸怀和前瞻性的眼光，勇于自我加压，不断开拓创新，从而使企业得到了长足的发展。

2）组织成员有为共同目标而不断学习、追求超越的精神，有工作即学习、学习即工作的意识。学习型组织追求的是一种团队学习精神。它要求组织成员通过团体学习，提高素质，增强团队凝聚力，增强集体的智商。产学研创结合组织成员分别来自高校、科研院所和企业，其文化背景、层次不同，工作思路不一致，价值观念不一，通过团队学习使各种不同的文化在产学研创结合组织内部得以有效融合，将不同的利益目标追求和价值取向统一到对产学研创结合共同目标的追求上来，并且不断进行自我超越，推动产学研创结合组织的持续发展。

3）能使成员个性得到充分展现，营造互相协作、激励创新的氛围，使组织成员充满生机和活力。

创新是产学研创结合组织的灵魂和生命，失去创新功能的产学研创结合组织必然会走向失败。构建产学研创结合学习型组织就是要在不断学习和不断进行知识积累的基础上不断进行创新。因此，通过建立学习机制营造一种能使产学研创结合组织成员个性得到充分展现、才能得到充分施展、自我超越意识不断加强、创新欲望不断被激励的良好氛围，应该是产学研创结合学习型组织的主要特征，也是实现产学研创结合持续发展的重要条件。

4）产学研创结合学习型组织成员的学习动力来自组织内部。产学研创结合学习型组织成员的学习动力来自组织成员对实现共同目标和组织持续发展的共同愿景，是凝聚产学研创结合组织每个成员的力量，实现个人愿景与共同愿景理想整合的过程。

二、产学研创结合的持续发展需要建立学习型组织

产学研创结合的根本目的是创新，创新是民族进步的灵魂，“一个没有创新能力的民族，难以屹立于世界先进民族之林”[①]。一个民族如此，一个组织同样如此，

① 出自江泽民 1995 年 5 月 26 日在全国科技大会上的讲话。

随着竞争环境的变化，产学研创结合组织必须适应新的知识经济环境，增强自身的竞争能力，不断突破发展瓶颈，实现可持续发展。

（一）产学研创结合组织持续发展的目标要求成员不断进行自我超越

1. 自我超越

自我超越是指突破极限的自我实现技巧的精熟。自我超越以磨炼个人才能为基础，却又超乎此项目标；以精神的成长为发展方向，却又超乎精神层面。

自我超越是个人成长的学习修炼，是对一个人真正心之所向的“愿景”不断重新聚焦、不断自我增强的过程。自我超越不是一个人所拥有的某些能力，它是一个创造的过程，一种终身的修炼。掌握自我超越能力的人，能够敏锐地察觉自己的无知、能力的不足和成长的上限，但这不会动摇他十足的自信。掌握自我超越能力的人工作的意愿也高，工作更为主动，责任感更强，学习也更快。

自我超越虽然以提高个人才能为基础，却有高于此项目标的更高境界。它虽然以精神的成长为发展方向，却又常常超出精神层面。一般来说，在组织内，只有每个层次的人都掌握了自我超越的能力，才能使组织成员从契约关系的观念中解放出来，才能将工具性的工作观转变为比较注重精神层面的工作观，组织和个人之间也只有建立超盟约关系，才不是互相利用的关系，而是互相帮助的关系，也才能使每个员工的潜力都得到充分发挥。

2. 产学研创结合组织的超越

任何团队都是人的组织体，产学研创结合组织也不例外。产学研创结合组织的超越，既有组织内员工个人的自我超越，也有以整个组织为团体、以共同愿景为目标的组织的自我超越。对产学研创结合组织而言，超越就是要有一种不断向上的驱动力，不考虑工作惯性和常规，不断挖潜创新。这种超越有两个层次：一是居安思危，提高应变能力，即使发展处于顺利、平稳的时期，也要保持清醒的头脑，挖掘潜在的危机并及时加以解决；二是突破极限，不断创新，不断追求更高的目标，满足心灵深处的渴望，这种自我超越的愿望促使人们不断学习、思考和创新。

（二）建立学习型组织是产学研创结合组织成员持续发展共同愿景的要求

1. 共同的愿景

共同的愿景是指大家都希望看到的景象，也是组织中人们所共同持有的意象。它营造出众人一体的感觉，渗透到组织的全面活动中，使各种不同的活动融合起来，共同愿景的力量源自共同的关切，让人难以抗拒，以至于没有人愿意放弃它。

2. 共同的愿景对学习型组织的重要性和作用

共同的愿景对学习型组织是至关重要的，因为，它为学习提供了焦点与能量。在缺少愿景的情况下，人们充其量只会产生“适应性学习”，也就是说只有在需要时才会去学习；只有在致力于协调他们深深关切的愿望时，才会产生“创造性学习”，对于个人和组织来说，都是如此。事实上，也只有人们对他们真正想要实现的愿景感到振奋时，创造性学习才会变得具体和可操作，学习型组织才会被建立起来。

作为组织成员共同认同的愿景，共同愿景由三个要素组成，即组织的目标、价值观、使命感。这三个要素是相互渗透的。

共同的愿景对学习型组织有四个方面的作用。

1）共同愿景对组织成员有导向作用、凝聚作用、激励作用和规范作用。

2）共同愿景把组织成员的意愿凝聚在共同的事业中，使组织成员感到“组织兴则我引以为荣，组织衰则我引以为耻”。

3）共同愿景可以激励组织成员为实现愿景而百倍努力，发挥创造性，使组织的创新活动系统持续发展。

4）共同愿景可以规范组织成员的行为，使其为实现愿景而做出贡献。

产学研创结合的持续发展是产学研创结合组织成员的共同愿景，组织成员对组织持续发展目标的共同追求，促使产学研创结合组织的成员不断保持创新的动力。在创新中，制度创新至关重要，而建立学习机制又是制度创新的关键，产学研创结合组织成员在不断学习的过程中，会重新审视产学研创结合系统运行中的现有制度，并提出更有效的制度；同时，发展变迁的方向决定于对不同种类的知识的预期，竞争参与者形成的智力模式决定着对预期的认识，而学习能改变行为人的心智模式。

三、产学研创结合学习型组织的构建

（一）学习型组织的构建特性

1. 长期性

创建学习型组织是一项长期性的工程，是组织发展的必然选择和内在要求。学习型组织不仅是一种理想的组织形式，更是任何组织和个人都应具备的理念和行为。创建学习型组织是一个由量变到质变的过程，因此，在创建过程中，要树立“三不得”理念（急不得、等不得、慢不得）。同时，创建学习型组织的过程也是一个观念转变的过程，从新观念的建立到新行为的转变再到新绩效的产生也需要一个过程。

2．整体性

创建学习型组织的过程是一个系统思考、系统运作的过程，要求各部门各专业分工合作、精诚团结，建立起良好的深度会谈机制和交流共享机制，让人们的思想自由地在组织发展的长河中交汇、相融。

3．全局性

创建学习型组织的过程要求决策层和管理层齐抓共管，各单位和部门的一把手要切实发挥应有的作用。通过对多家企业创建的咨询，我们发现，成效显著的组织一般具有“三真”（对学习型组织理论真信、真学、真用）、“四共”（组织上下对创建学习型组织产生共识、共鸣、共行、共成）的特性，以先进的学习型组织管理思想作为主要思想，紧紧围绕组织中的各项工作，实现“工作学习化，学习工作化”，不断解决学习和工作分离的现象，不断解决创建工作和其他管理工作相悖的现象，进行工作与学习的密切结合。

4．全员性

学习型组织的创建，理论上要求组织内的全体成员全身心地投入，拥有持续增长的学习力和创新力，而在许多组织中，绝大多数自上层发动的变革先后失败或成效不大，其根本原因就是没有基层管理者和员工的真正参与，没有员工富有创意的实践精神和奉献意识，因此，在创建学习型组织的过程中必须要改变自上而下的单向管理模式，建立一种双向互动的新型管理模式，逐步实现授权，充分激活员工的自我超越精神和创造潜能，建立起自主管理团队。

（二）产学研创结合学习型组织构建的基本原则

1．树立共同目标

共同目标是指建立在组织及其所属员工价值观趋向一致基础上的能激励人奋进向上的愿望或理想，是组织根据自身发展需要而制定的发展战略目标、组织精神、价值体系等。有了共同目标，组织内的成员对组织的发展方向更加明确，个体与集体的利益更趋一致，员工也就更容易投入到组织的发展中去。

对于产学研创结合组织来说，原本互不相干的高职院校、科研机构、企业结合到一起协同工作，组织成员间产生一体感、信任感、亲近感，其基础就是实现科技成果转化、培养创新人才的共同目标。

但目标却并非是固定不变的，随着原有目标的实现，新的更高的目标会不断被提出，一旦新的目标被组织成员共同接受和认可，就形成了组织的新的共同目标，这是使组织持续发展的基础和动力。在追求共同目标的过程中，组织成员会自然而然地发挥潜能，从而为组织的持续发展提供不竭的动力。因此，树立共同目标不但是产学研创结合组织得以形成的基础，也是使产学研创组织得以持续发展的动力。

2. 保持自我超越的动力

自我超越是保持组织持续发展的基础，产学研创结合组织的功用就是不断促进科技进步，只有具有自我超越精神的产学研结合组织，才能不断克服惯性思维的困扰和突破自我满足的局限，敢于自我否定，不断挖掘和发现潜在的机会，追求创新，使产学研创结合组织经常保持一种追求更高目标的动力。一旦产学研创结合组织丧失了自我超越的动力，那么产学研创结合的基础也会随之消失。

经常保持自我超越的动力，不仅需要组织决策层具有清醒的头脑，更重要的是要使这种思想意识成为组织成员的共识。

3. 具备系统思考的思维方式

系统思考是一种思维方式，反映的是组织内部管理的成熟与科学，学习型组织的系统思考是要将组织看成一个具有时间性、空间性并且不断变化的系统，考虑问题时需要进行整体而非局部、动态而非静止、本质而非现象的思考。进行系统思考的最典型的例子就是中医辨证施治的诊疗方法，中医认为人体是一个有机的系统，五脏六腑、气血筋脉都是相互关联的，任何一个部位出现异常，都有可能是其他部位引起的，而不仅仅是该部位的问题所致。构建学习型组织，要求组织各成员像进行中医诊疗一样去分析思考问题，不断提升组织成员尤其是决策层系统思考的能力。

产学研创结合是一种促进生产力水平不断提高的科学活动，因此，具备系统思考的思维方式是产学研创结合和发展的必然要求。构建产学研创结合学习型组织，要求各成员能够对整个产学研创结合系统运行的过程进行系统思考，主动思考其他环节的需求和可能遇到的困难，以及隐性问题，尽可能主动消除自身环节对其他环节的不利影响。

第五章　产学研创协同，培养新技术应用人才的建议——以温州职业技术学院为例

第一节　全方位拓展产学研创维度，培养新技术应用人才

大数据时代，高职院校需要增强人才培养的针对性，主动适应产业变化和企业需求，优化人才培养模式，真正实现专业设置与地方产业需求、课程内容与行业标准、实践实训过程与生产过程对接，实现产学研创协同发展。浙江省打造高等职业教育强省，指导战略是服务浙江省地方社会经济，完成量的扩张向质的提升转型，走差异发展、错位发展之路；其发展举措是面上启动国家级、省级示范性高职院校建设，点上深入开展专业建设、课程建设、师资建设、实训基地建设、教学资源库建设、校园文化品牌项目建设等教学内涵建设项目。

一、以“产”拓维度：推进校、企、行、政多方深入合作，打造产教深度融合高地

近年来，温州职业技术学院以“与区域经济互动、与企业行业共赢”的理念为核心，构建深度产教融合、政行企合作的协同育人机制，打通产业链、营造生态圈，培养具有高等职业教育特质的创新创业人才，以校企合作为抓手，深入推进人才培养模式改革。学院的“政校行企”协同人才培养机制、中高职衔接和专本协同人才培养、教学质量保障机制建设取得明显进展，教学水平和学生综合素质不断提升。通过开展校政合作育人，实现政府搭台、学校唱戏、共育人才；基于地方产业特点与办学特色，出台校地混合、校企混合所有制办学的指导性意见，激活多方办学活力；出台企业与学校联合招生政策，落实现代学徒制；通过开展校企合作育人，实现由顶岗实习、订单培养、现代学徒制到校企研发中心的合作递进，构建高校、企业、社会多赢共进的良好局面。

二、以“学”把宽度：深化人才培养模式与专业改革，打造新技术应用人才培养高地

温州职业技术学院“以明天的技术，培养今天的学生，为未来服务”的理念，以新技术为导向，以智能化、信息化、数字化项目为载体，培养新技术应用的创新创业人才。依托研发平台，对接创业团队，提供全过程孵化服务；依托“导师＋项目＋团队”，引导师生共创，积极引进世界500强企业的新技术，

探索“师研生随、师导生创、师生共创”的“三师三生”培养模式，实践“企业出题、学校接题、教师析题、学生答题”的培养途径；依托众创空间，建立创新创业工作室，助推科技型小微企业孵化；建设新技术应用平台，积累教学资源、强化师资队伍，以“培训-专业-平台”一体化建设为目标，设置新技术应用资源丰富、社会辐射力强、对产业有助推力的新专业、新课程，从供给侧、需求侧思考谋划高职专业、课程的加减法；通过改革人才培养模式与改革课程体系相结合，融合区域特质与专业特点，构建“分层分类”课程体系；通过改革实践教学模式，打造以实训为基础、研发为动力、创新创业为导向的“训研创”一体的实践教学体系，由“学中做”“做中学”“探中学”向“做中创”“探中创”延伸。

三、以“研”掘深度：坚持立地研发，打造“立地式”技术应用高地

温州市政府以“坚持立地研发，促进新技术应用”的理念为驱动，谋划与省、市乃至国家重大发展战略相契合的产教协同发展布局，鼓励高职院校在特色小镇、科技城建立创业学院；以省市的重大产业战略为导向，使办学布局具有前瞻性、引领性；与相关科研院所共建协同创新中心，服务行业关键技术；与行业协会共建企业研发中心，服务民营企业；打破原有的职称评审规则，实现“发明专利、专利转让与论文等同，横向课题与纵向课题等同，行业技术难题与科研项目等同”，引导教师从课堂走向企业，夯实产学研基础，服务教师专业化成长，为教师解决行业与企业难题提供人、财、物支持。做到培养学生有市场，助推企业有途径，服务社会有地位。实现“立地式”技术应用与区域发展双向互动、与教师发展双向互动、与人才培养双向互动，使高等职业教育人才培养目标与服务产业能力目标相一致。

四、以“创”提高度：通过产学研创相结合，打造创新创业的高地

高职院校要想实现产学研创协同发展，需要根据产业设专业，依托专业建立平台，对接平台，开展创新创业活动，孵化科技型小微企业，进一步推动相关产业发展。

温州职业技术学院就是坚持有什么样的产业就建设什么样的专业，有什么样的企业难题就建立什么样的平台，保证每一个平台有一个大学生创新创业团队对接，实现了以平台促进创新创业，以创新创业推动企业孵化，以孵化企业提升产业发展。学院以“创”进行融合，推动产业发展，以“研”为“创”的基础，培育新技术的创新、创业，以“学”作为专业依托，开展围绕专业实施的创新、创业活动，最终实现了“产”中有“学研创”、“研”中有“产学创”、“学”中有“产研创”的现代高等职业教育创新创业教育生态闭环。

第二节　以产学研创综合平台为抓手，促进新技术应用创新创业

深化产学研用合作，是高职院校创新发展的一项重要使命。近年来，温州职业技术学院将原有的技术应用中心、工程中心、协同创新中心、实训中心、大师工作室和研发平台等机构进行整合，建立了一系列针对某个具体行业与产业的产学研创综合平台，以产学研创综合平台为抓手，使平台建设与区域发展双向互动、与教师发展双向互动、与人才培养双向互动，形成“专业共建-技术研发-创新创业”三位一体机制，在全国产生了较好的影响。现总结经验供参阅。

一、与区域发展双向互动，成为服务发展的平台

当前，温州市已形成了低压电器、泵阀、汽摩配、鞋服等五大支柱产业和十大新兴产业，但也存在着长期处在价值链下游、研发支撑不足、“节能减排”压力增大等问题。面对这些区域经济发展的难题，温州职业技术学院依托现有专业，按照“需求-方向-条件”一体化建设思路，根据企业需求调整研究方向，整合力量，建成了占地 20 000 平方米的技术研创大楼，内设 45 个省、市、院多层次科技创新服务平台，为行业企业提供技术开发、产品开发、成果转化、项目策划等“立地式”研发服务，解决生产一线的关键技术难题和技术应用“最后一公里”问题。

1. 服务温州产业需求，对接省市重大发展战略

温州职业技术学院主动将产学研创综合平台建设与省市重大发展战略相融合，坚持“省市战略延伸到哪里，平台建设就推进到哪里”，建设了落户省级特色小镇——陇海时尚智造小镇的“时尚产品设计与研发中心”“浙南轻工装备智能技术协同创新中心”“温州智能制造孵化器”。由于温州职业技术学院主动服务地方经济，因此吸引了地方政府、行业企业主动上门合作。例如，2012 年建立的浙江省温州轻工机械技术创新服务平台是浙江省首个落户高职院校的省级重点科技创新服务平台，截至 2017 年 12 月，已服务企业 250 余家，提供技术服务 210 余项，帮助企业创办研发中心 14 个，取得显著经济社会效益。该平台为温州出口量最大的鞋企——巨一集团开发了皮料全自动激光雕刻装备，实现了皮料的柔性力学牵引、精确数字定位、快速激光雕刻，应用于该企业多条年产值超亿元的生产线上，产生了巨大的经济效益。

2. 服务上规模企业，共建企业研究院

温州职业技术学院与大型企业共建省级企业研究院（中心）已达 12 家，尤其是主动服务温州五大支柱产业之一的鞋革服装行业，与康奈集团共建了“浙江省

康奈鞋类技术研究院”，与起步儿童用品有限公司共建了“浙江省起步儿童鞋服技术研究院”等。浙江省康奈鞋类技术研究院和起步儿童鞋服技术研究院已为企业开发省级创新产品 40 余项、省市区级项目 20 余项，相关技术的产业化应用均取得了国家专利，新产品新技术项目每年为企业增加产值超 2000 万元。

3. 服务中小微民营企业，共建产学研创基地

温州中小微企业多，尤其需要科技创新和技术革新，但又“养不起、做不了”研发中心。针对这种情况，温州职业技术学院与中小微企业共建了研发中心、产学研合作基地 20 家。例如，学院通信技术应用研发平台与浙江腾腾电气有限公司共建企业研发中心，为企业开发出基于“互联网＋”的智能路灯节能系统，已经生产使用。

二、与教师培养双向互动，成为教师发展的平台

教师的水平决定学校的水平，教师的高度决定学校的高度。温州职业技术学院创新教师培养模式，依托产学研创综合平台，以“平台-项目-团队”为建设思路，以智能制造、时尚设计、现代服务等三大专业集群师资团队建设为核心，全力提高教师的“双师”能力、新技术应用能力、行业影响力。

1. 依托产学研创平台，提升双师能力

温州职业技术学院通过激励教师参加研发机构建设、开展技术服务与成果推广等举措，大幅提升教师研发能力和教学水平。学院要求 50 岁以下的教师均需确定研究方向，加入相应的研发机构，每个平台科技服务到款额不少于 10 万元/年，每位平台负责人必须指导 10 个以上学生的毕业设计，并承担特长生的培养任务；出台研发机构管理办法，院级以上机构负责人行政上享受副主任待遇，每个机构给予相应办公经费和津贴；修改完善科研项目经费管理、科研项目经费配套资助和科研工作量计算等制度，对横向课题给予到款额 10%的奖励，将自主转化科技成果经费的 90%奖励给成果完成人；建“立地式” 研发机构服务区域经济社会发展的评价指标体系。学院现有专任教师 400 余人，高级职称比例为 40.20%，具有双师素质的教师占专任专业教师的 90.61%。

2. 依托产学研创平台，提升新技术应用能力

在世界经济论坛 2017 年年会开幕式上的主旨演讲中，习近平总书记指出要“注重用新技术新业态改造提升传统产业，促进新动能发展壮大、传统动能焕发生机”①。学院从与新技术相关的培训开始，瞄准市场方向逐渐积累新技术教学经验和锻炼师资队伍。通过建设新技术科研平台，逐渐积累雄厚的教学资源，依托新技

① http:/www.chinanews.com/gn/2017/01-18/8127455.html.

术应用有关平台培养教师的新技术应用能力，通过“发明专利、专利转让与论文等同、横向课题与纵向课题等同、行业技术难题与项目等同”等鼓励政策，鼓励平台开展新技术对传统产业转型升级的技术攻关。学院百名专任教师获技术专利（技术发明）项目数量全省排名第一，主持科研课题人均经费金额全省排名第二。

3．依托产学研创平台，提升行业影响力

通过建设产学研创综合平台，引导教师积极为行业、企业提供各类应用技术服务，引领区域产业行业的发展，温州职业技术学院教师自身的“高度”和对话的“宽度”得到了提升。产学研创平台各负责人均加入相关行业协会，大多任行业协会、商会的会长或副会长等重要职务，成为行业领域内的专家，还参与了温州制鞋、模具、低压电器等七大行业标准的制定，确立了行业中的地位。例如，温州市鞋革行业科技创新公共服务平台负责人施凯教授在国内乃至国际鞋类行业都深具影响力，入选第二批国家“万人计划”领军人才。目前，施凯教授是国家职业教育鞋类设计与工艺专业教学资源库负责人、全国鞋服饰品及箱包专业指导委员会主任，在施凯教授的带领下，温州职业技术学院鞋革专业已经成为全国同类专业的龙头专业。

三、与人才培养双向互动，成为学生成长的平台

在“互联网＋”的时代背景下，新技术新产业新模式层出不穷，创新型企业快速成长，需要大批新技术应用人才，在这样的现实需求下，温州职业技术学院坚持技术开发反哺教学，以“立地式”研发服务体系为支撑，改造升级研创大楼，成立国家级众创空间，建立了“实训＋科研＋创新创业”的实践平台，打造以实训为基础、以研发为动力、以创新创业为导向的“产学研创”一体的实践教学体系，专注于培养新技术应用的创新创业人才。全校共吸引 3000 余名学生参与，创新创业教育生机勃勃。

1．依托产学研创平台，建立国家级众创空间

温州职业技术学院以技术研创大楼为载体，独立运营温州产业科技众创空间，入驻大楼的每个产学研平台至少对接一个大学生创业团队，以智能化、信息化、时尚创意等新技术应用项目为重点，成立了 68 家创新创业工作室。以研创大楼为依托建立的“温州产业科技众创空间”，是国家级示范众创空间、省级优秀众创空间，成功孵化出具有成长性的新技术应用型创业企业 14 家、在孵企业 39 家，年营业额达 3600 余万元。

2．依托产学研创平台，创新育人模式

温州职业技术学院探索出了“师研生随、师导生创、师生共创”的模式，培养

学生新技术应用的创新创业能力。在这一模式下，教师和学生都属于创始人，都可以分享创业红利，激发和引导更多学生参与创新创业。“师研生随”，即以教师的科研项目带动学生参与研发，保证了至少84%的毕业生能在校企高水平教师的指导下完成毕业设计，并参与一定的应用研究与技术服务项目，从而提高了毕业生的创新能力和可持续发展能力。“师导生创”，即以学生为主体，教师给予技术指导。例如，学院的两支学生创业团队在老师指导下，根据企业真实要求研发了纽扣颜色自动分拣机和羽毛球重量自动分拣器，分别创造了36万元和20万元的价值。“师生共创”，即师生共同成立公司，学院免费提供场地、设备，扶持学生注册公司，学生任法定代表人，教师提供技术支持。例如，机械工程系学生在老师带领下研发智能废纸回收器，集互联网、物联网技术于一体，申报了10余项专利。该项目引起了塞尔维亚温州商会会长的极大兴趣，他投资与学生研发团队共同成立科技型公司。

第三节　借产学研创一体化，打造高等职业教育新高地

我国有独特的历史、独特的文化、独特的国情，决定了我国必须走自己的高等教育发展道路，扎实办好中国特色社会主义高校。这几年，我国职业教育发展迎来了最好时期，浙江省的高职教育也处在历史最好的时期，各级领导都对职业教育给予了极大关怀和支持。全省的高职院校坚持立德树人，坚持面向市场、服务发展、促进就业的办学方向，为浙江省的经济社会发展做出了很大的贡献。目前，浙江高职教育的总体水平在全国名列前茅，理应肩负起为中国高职教育提供样本和经验的使命。

浙江省的高等职业教育要争做“干在实处、走在前列、勇立潮头”的排头兵，成为高职教育的“浙江样本、浙江经验”，作者认为，首先要精准对接发展需求、精心谋划教育教学改革、精耕细作提升服务能力，首力打造“三大高地”，即产教融合的高地、新技术应用人才培养的高地、“立地式”技术应用的高地。

一、打造高等职业教育的三大高地

（一）打造产教深度融合的高地

产教融合是职业教育的本质，也是职业教育与其他教育的最大区别，《国务院关于加快发展现代职业教育的决定》中明确提出要深化产教融合、校企合作。另外，浙江经济发达，产业发展繁荣，对技术技能人才需求旺盛，客观上为高职教育的发展提供了很好的机遇，浙江理应成为产教深度融合的高地。

1. 大力倡导“三位一体”的办学理念

温州职业技术学院坚持“区域有什么支柱产业，就设置什么专业；区域有什

么企业难题，就建立什么服务平台；区域有什么新技术需求，就培养什么新技术应用的创新创业人才”，形成“专业共建-技术研发-人才培养”三位一体的办学实践。概括地说，办学理念是核心，校园文化是载体，办学特色则是表现形态。校园文化，蕴含着内容丰富的办学理念，承载着悠久的办学传统，也体现着一所学校独特的办学功能。而不同学校因具有不同的校园文化特质，并总是以一种为人们认可的办学特色所表现出来。因此，校园文化、办学理念、办学特色乃三位一体。校园文化是学校办学理念、办学制度以及人文精神的历史积淀。办学行为中，校园文化是一种校园精神的载体，可分为物质形态、制度形态和精神形态。物质形态的文化主要包括校园的自然景观、建筑风格、校容校貌等，对师生学习、生活、工作有重要影响，其蕴含的人文精神和自然美感成为影响学生思想感情、道德行为的重要外力。制度文化和精神文化体现着群体的向心力和凝聚力，体现出一所学校的学风、校风和精神风貌，折射出校园文化的灵魂。

2．谋划与国家省市重大发展战略融合的布局

国家鼓励高职院校在特色小镇、科技城建立创新创业工场、创业学院。在创业学院实施“2＋1”培养，把创业学院的“1”年培养迁移到特色小镇、科技城。我国新一轮区域合作与发展将由“点对点”、城市与城市、以增长极为核心的“集化发展”向“泛化发展”延伸，进入一个以区域为主要单位、以区域与区域之间的互动为主要格局的发展新阶段。“省市重大战略到哪里，学院布局就跟到哪里”。

3．出台产教深度融合的支持政策

相关部门应出台校地混合、校企混合所有制办学的指导性意见，产教融合是当前大力发展职业教育的必由之路。自中华人民共和国成立以来，国家和各地方政府出台了一系列支持和引导职业教育开展产教结合、校企合作办学的制度和政策，大致经历了整顿初创、恢复重建、改革探索和深化发展四个时期。从未来发展趋势来看，产教结合制度将由简单结合上升为深度融合，由政策的宏观引导走向法律的强制保障，服务将由面向全国转向面向地方，合作形式也会朝着更加多元化的方向发展。进一步激活办学活力；出台企业与学校联合招生政策，真正实施现代学徒制；出台服务浙江的企业“走出去”战略的人才培养支持政策，参与“一带一路”建设。

（二）打造新技术应用人才培养的高地

在“大众创业、万众创新”时代背景下，新技术、新产业、新业态扑面而来，以互联网产业化、工业智能化、工业一体化为代表的第四次工业革命已经来临。这种新技术革命的到来，加快了经济发展方式的转变，给浙江的产业带来颠覆性的变化，带来产业结构、就业岗位的深刻调整，也必然会给浙江省人才的需求带

来新的变化。

扮演全国高职教育领跑者角色的浙江高职院校，要主动适应新形势及新变化，区域有哪些新技术需求，就主动培养哪些类型的新技术应用人才。

如何打造新技术应用人才的高地？

1. 打造“实训-研发-创新创业”一体的实践教学体系

打造“实训-研发-创新创业”一体的实践教学体系，就是要构建“以实训为基础，以研发为动力，以创新创业为导向”的实践教学体系，由原来的“做中学、学中做、探中学”向“做中创、探中创”延伸，把学生专业实训与专业创新、创造有机整合在一个平台内，使创新素质的培养贯穿学生知识学习和技能训练的全过程，在参与创造实践中产生乐趣，不仅培养学生的实践动手能力，而且培养学生的创新、创业、创造能力。

2. 探索设置新技术应用的新专业、新课程

温州职业技术学院从与新技术相关的培训开始，瞄准市场方向逐渐积累新技术教学经验和锻炼师资队伍；先建设新技术应用平台，逐渐积累教学资源；然后按照“培训-专业-平台”一体化建设要求，增设新技术应用资源丰富、社会辐射力强、产业平台大的新专业；开发相应的新技术应用课程，建立相应的教材、案例库、实训基地，从供给侧、需求侧思考谋划高职专业、课程的加减法。

（三）打造“立地式”技术应用的高地

浙江中小企业众多，许多中小企业缺乏技术提升与改造的能力，急需高校提供技术服务。由于高职院校坚持面向市场办学，强调产教融合、校企合作，了解企业需求，因此比普通高校更能为企业提供技术支持。

1. 大力倡导“需求-方向-条件”相一致设立研发平台

温州职业技术学院按照企业需求调整研究方向，配备相应的人、财、物，设立研发平台。这种平台的设立，使“立地式”技术应用与区域发展双向互动，能够解决企业生产一线急需解决的一些关键技术难题和技术应用“最后一公里”问题；使“立地式”技术应用与教师发展双向互动，能够为学校建设“双师型”师资队伍提供实践平台，打造一支有行业和社会影响力的教师队伍；使“立地式”技术应用与人才培养双向互动，为学校培养学生创新精神和创新能力提供实践平台，从整体上提升专业群服务产业的能力。

2. 开展“培训-专业-平台”一体化的专业服务产业试点

温州职业技术学院把专业建设向培训端、研发端延伸，从培训入手对接新兴

产业，区域有什么新兴产业就开展针对该产业的培训，没有相应的师资就外聘，在培训的基础上针对有发展空间的产业设置相应的专业，在专业发展的基础上设立研发平台，从而实现“培训-专业-研究平台”一体化发展。“校企一体化合作办学”一般是指在政府主管部门主导下，学校与企业（或相关行业）在资源共享、优势互补、责任同担、利益共享的原则下组建产教联合体，在人才培养、职工培训、科技创新与服务等方面进行一体化运作的一种教育模式。与传统的推荐就业、订单培养、合作培养、接受顶岗实习等浅层合作相比，“校企一体化合作办学”使校企双方在合作程度上更加紧密，融为一体，双方相互渗透，深层合作，建立利益共享关系，组建利益共同体，打造一批高水平的专业群。

3．鼓励教师成为行业专家

温州职业技术学院一方面出台了“发明专利、专利转让与论文等同，横向课题与纵向课题等同，行业技术难题与项目等同”的鼓励政策，引导教师开展“立地式”研发。教师解决行业与企业难题，学校予以立项，并给予经费支持，帮助教师更快地成为行业专家。另一方面，借助“捣墙运动”成果，引项目入校，在生产性实训基地的基础上设立研发平台，打造创新创业工场，发挥教师的主观能动性，开展“导师＋项目＋团队”培养，做到“培养学生有市场，助推企业有办法，服务社会有地位”。

二、高职院校新技术应用人才培养建议

高职院校新技术应用创业型创新人才的培养应以学生为主体，强调产业企业的外在需要，重视学生兴趣的内在需求，尤其突出技术创新与应用的实践途径，倡导产学研创一体化培养。

（一）以需求为导向，挖掘产学研创一体化培养模式的外在需求

此处的需求导向至少包含两个层面：一是以区域产业需求为导向。在“互联网＋”新科技的时代背景下寻找区域产业发展的新起点并培育、孵化新技术是高职院校新技术应用创业型创新人才培养的核心目标。随着信息技术、新能源及节能技术、高技术服务业等新技术产业的蓬勃发展以及高新技术改造传统产业、促使传统产业转型升级需求的提出，高职院校只有主动适应区域经济转型发展、产业升级和市场需求，承担起培养满足产业发展需求的新技术应用创业型创新人才，才能赢得新的发展契机。二是以企业真实需求为导向，围绕企业技术难题，问需于企业，建立以“共育人才、共建专业、共同开发课程、共建共享实训基地、共享校企人才资源、共同开展应用研究与技术开发项目研发”等为主要内容的校企合作共赢长效机制，鼓励师生参与来源于企业需求的课题设计，在项目中开展协作、发现问题，分析问题，寻找解决方案，才是高职院校探索与开拓产学研创一

体化、培养新技术应用创业型创新人才的出路所在。

可见，建立产学研创一体化新技术应用创业型创新人才培养模式，核心是坚持“有什么样的支柱产业，就设置什么样的专业；有什么样的企业难题，就建立什么样的技术研发平台；有什么样的技术研发平台，就培养什么样的新技术应用创业型创新人才”的办学理念，形成专业、平台、创业一体化，促进人才培养与社会需求的协调发展。

（二）以兴趣为动力，激发产学研创一体化培养模式的内在需求

高职院校学生普遍存在着学习兴趣不浓、动力不足、自信心不足等特点。培养新技术应用创业型创新人才，进行教学机制、手段与途径的创新是必要条件。在教学手段上，应采用“线上课上”相衔接、“线上线下”相结合的混合式教学模式。就线上教学而言，可充分利用慕课等现代网络教育技术，变革传统的网络教育讲座模式，注重学生的学习体验，同时合理衔接“线上课上”，实现网络学习与面对面课堂学习有机结合。就线下教育而言，当前高校兴建众创空间是较好的探索。高校众创空间具有开放性强与低成本、协同与互助、便利化、全要素、辐射广的特点，通过集中的形式，整合创业导师、投资人等社会资源，为学生搭建创业平台，解决学生创业过程中遇到的跨界创新和资源约束等刚性问题。

（三）以课程为依托，夯实产学研创一体化培养模式的教学基础

《教育部关于做好 2016 届全国普通高等学校毕业生就业创业工作的通知》中明确指出，从 2016 年起所有高校都要设置创新创业教育课程。课程是人才培养的基本要素，良好的创业课程能够为培养新技术应用创业人才提供扎实的理论和实践基础，增强新技术应用人才培养的有效性。

温州职业技术学院以产学研创一体化模式培养新技术应用创业型创新人才，提倡将创业课程分层分类、有机融入人才培养体系，分设实践性课程和理论性课程，设计涵盖创业全过程的课程体系。在理论课程设计上，对全体学生开设创业教育必修课和选修课，如创业学概论、创业基础理论等，让学生认识到什么是创业，创业者应具备哪些创业素质和基本能力；对有创业意愿的学生开设创业指导及实训类课程，如创业案例研究，让愿意创业者了解真实案例；对已经开展创业实践的学生开设企业经营管理类培训课程。在实践课程设计上，开设创业活动课程、创业仿真课等：一是实现“做中创”，包含综合实践项目、应用性毕业设计、高水平技能竞赛等，从而使创业教育面向全体学生；二是实现“研中创”，即依托高职院校现有的研发机构和众创空间等，以新技术应用为创业项目导向，培育学生在核心技术研发过程中的创业兴趣。通过理论和实践相结合的培育，增强学生的创业意愿，增加学生的创业资本。

（四）以技术为手段，丰富产学研创一体化培养模式的实践平台

技术是“产学研创”一体化培养新技术应用创业型创新人才的坚实壁垒。作为连接技术、市场和资本的纽带，新技术应用创业充分发挥了高职院校为区域产业提供应用研究和开发服务的创业资源优势。以技术为手段，从本质上讲，是依托高校教师研发的核心技术，通过相应的实践平台整合企业家、投资人等社会资源，使技术成功走向市场，实现技术产业化。

高职院校拥有先进的研发设备、充足的科研人员和丰富的技术积淀，对新技术有敏锐的洞察力和研究能力，可以说在人力、物力以及技术文化积淀方面均具有新技术创业的比较优势。特别是近几年，高职院校投入了大量的科技资源，新产品、新技术层出不穷，为技术创业活动提供了潜在的或现实的机遇。产学研创一体化以技术为手段培养新技术应用创业型创新人才，必须借力高职院校已有的技术创新的软硬条件，即以高职院校现有的科研条件、对接区域产业的技术研发平台及众创空间为载体，为新技术应用创业搭建应用新技术、开发新产品、构建新模式、开拓新市场、培育新业态的实践平台，形成涵盖项目发掘、团队构建、投资对接、后续支撑的全过程孵化服务，使这个平台成为集创意（好点子）展示、创新（好方法）探索、创造（好作品）推广、创业（好商机）实践于一体的创新创业载体，并进一步推动创业企业向成长型、新模式与新业态转型，孵育新技术应用型创业企业。

（五）以团队为支撑，提供产学研创一体化培养模式的人力支持

没有对创业有兴趣的学生，新技术应用创业型创新人才培养将无从谈起；没有掌握新技术应用的教师，新技术应用创业型创新人才培养的效果也将很难保证。创业活动越来越依赖于团队合作，创业团队也逐渐代替创业个体成为当前经济社会中的创业主体。

产学研创一体化培养新技术应用创业型创新人才，更加强调以团队为支撑，更多地指向优势互补的创业团队。产学研创一体化培养新技术应用创业型创新人才，需要异质性的创业团队作支撑，因为从基于资源的观点出发，异质性创业团队具备多样化的社会资源、价值观以及更强的综合能力，进而有利于创业的成功；而从知识和技能的互补性来看，异质性的创业团队因成员在知识与技能方面存在的差异性使团队能够获得创业实施所需的多种知识与技能。例如，高职院校中机电专业的创业团队可以凭借师生掌握的新技术生产出一个用品，但是这个技术成果要从用品变为产品并走向市场，还需要工业外观设计、市场营销等一系列专业人员加入。因此，产学研创一体化培养新技术应用创业型创新人才，需要一支结构合理、知识与技术互补，且具有多元文化和价值观的创业团队作支撑。

新技术应用创业型创新人才是基于当前“双创”政治环境、新常态经济增长

模式、“互联网＋”科技、多样化教育等多元背景所提出的一个全新概念，更是利用新技术进行创业、提供创新产品和创新服务并实现产业化的综合性创新实践。在新技术背景下高职院校培养新技术应用创业型创新人才，对区域经济、产业发展水平提升具有积极意义。与培养新技术应用创业型创新人才相对应的产学研创一体化的培养模式，既是高校创新创业教育的理论与实践创新，又是高职院校改革发展与人才培养的理论与实践创新。这对于高校创业人才培养的目标定位，对于高职院校深化办学体制机制改革、深化人才培养模式改革等，都具有重要的理论价值和实践借鉴。

结　　语

产学研结合在我国开展短短二十多年来发展势头较好，虽然在产学研结合的实践和理论研究上取得了一定的突破，但在对职业高校产学研创结合机制的研究方面系统性还不够，现有的理论研究多是针对某一种实现模式或运行机制开展的，对职业高校产学研创结合机制方面的指导意义尚有欠缺。本书在对国内部分职业高校产学研创结合工作开展情况进行充分调研的基础上，吸收国内外对职业高校产学研创结合的研究成果，对国内外职业高校产学研创结合的理论进行对比分析，对我国职业高校产学研创结合的利益机制、整合机制、沟通机制和学习机制进行了比较深入系统的理论探索，提出了构建职业高校产学研创结合的利益机制、整合机制、沟通机制和学习机制的主要思路和途径、方式。

利益机制是产学研创结合的纽带和动力，构建产学研创结合的利益机制：一要明确产学研创合作各方各自的权、责、利；二要以发展的思想及时调整产学研创结合中各方的利益点；三要考虑到经济利益和社会效益并重。

整合机制是产学研创结合的运行基础，构建产学研创结合的整合机制要因地制宜，确定适合产学研创结合系统运行特点的组织模式，合作各方不要盲目贪大求新，切实选择适合自身发展的运行模式。

沟通机制是产学研创结合的润滑剂，构建产学研创结合的沟通机制要从消除界面障碍出发，对产学研创结合中的文化冲突、目标差异和信息交流不畅等问题进行全面沟通，从而构建结构性与非结构性并重的沟通机制。

学习机制是产学研创结合持续发展的根本。构建产学研创结合的学习机制就是要使产学研创结合组织成员在共同目标下产生共同愿景，从而产生不断自我超越、不断创新的自发动力，形成一种自组织的结合。

本书虽然比较系统地阐述了构建高校产学研创结合机制的理论，但由于受作者研究水平以及资料缺乏的限制，在许多内容中上有纰漏，还有待进一步深入地研究。

参考文献

邓颖翔，2011．吸收能力对校企合作绩效的影响研究[D]．广州：华南理工大学．

丁金昌，2010．基于“三性”的高等职业教育可持续发展研究与实践[J]．高等教育研究（6）：76-77．

范俊英，2008．构建高校科研管理和谐机制之我见[J]．科技管理研究，28（01）：124-126．

冯叶成，刘嘉，张虎，2012．政府-高校-企业协同的产学研合作模式探索与实践：以清华大学与淮安市产学研合作为例[J]．科技进步与对策，29（22）：67-70．

高建华，董秀芳，1997．高校科研管理要充分发挥信息的启迪与导向作用[J]．科技情报开发与经济（03）：36-38．

胡恩华，刘洪，2007．基于协同创新的集群创新企业与群外环境关系研究[J]．科学管理研究，25（3）：23-26．

江海，马强，2004．重构适合高校的产学研合作模式[J]．科技管理研究，24（05）：15-17．

金勤献，刘嘉，万荣，2007．探索技术转移新模式 服务区域经济新发展[J]．中国高校科技与产业化，（04）:62-63．

李安昌，2013．强化高校产学研的探索和实践[J]．技术与创新管理，34（04）：312-314．

李道先，罗昆，2012．协同创新视角下地方高校产学研合作的实现途径[J]．高校教育管理，06（06）：20-23．

李梅芳，刘国新，刘璐，2012．企业与高校对产学研合作模式选择的比较研究[J]．科研管理，33（09）：154-160．

李针宇，2014．行业特色高校产学研合作模式创新研究[J]．中国高校科技（10）：34-35．

刘前军，韩潮翰，2017．浅谈国内外产学研合作的主要模式[J]．中国机电工业（09）：88-90．

刘炜，2013．基于企业技术能力演化的产学研合作创新机理研究[D]．广州：华南理工大学．

吕立志，吴永祥，2014．提升高校创新力的对策研究：基于江苏高校产学研合作基本情况的思考[J]．江苏科技信息（22）：10-11．

彭敏，2005．高新技术产业发展及其财政效应研究[D]．武汉：华中科技大学．

商迎秋，2012．地方性应用型高校产学研发展研究：以许昌学院为例[J]．山西财经大学学报（S4）：114-115．

孙福全，等，2007．主要发达国家的产学研合作创新：基本经验及启示[M]．北京：经济管理出版社．

田华杰，孙静，王换娥，2011．产学研合作模式的效果与问题思考[J]．生产力研究，222（01）：93-94．

吴绍波，顾新，刘敦虎，2009．我国产学研合作模式的选择[J]．科技管理研究，（05）：90-92．

谢开勇，2004．国外高校产学研合作模式分析[J]．中国科技论坛（01）：119-122．

谢志远，2016．高职院校培养新技术应用创业型创新人才的研究[J]．教育研究（11）：107-112．

谢志远，童卫军，范怡瑜，2016-02-23．以新技术应用为创业项目导向[N]．中国教育报（007）．

薛喜民，2000．高等职业技术教育理论与实践[M]．上海：复旦大学出版社．

杨俊萍，2009．顺应高校发展形势 提高科研管理创新意识[J]．合肥工业大学学报（社会科学版），23（3）：50-52．

杨力，2000．高校科研管理中的激励机制[J]．衡阳师范学院学报（社会科学）（02）：10-12．

周小祥，2015．提高高校产学研合作成效的对策研究：基于重庆市高校产学研合作的有关思考[J]．技术与市场，22（07）：380-381．

［美］唐纳德·A. 舍恩，2008．培养反映的实践者[M]．郝彩虹，等译．北京：教育科学出版社．

BECKER G S, MURPHY K M, 1988. A theory of rational addiction[J]. Journal of Political Economy, 96(4): 675-700.

BENHABIB J, SPIEGEL M M, 1994. The role of human capital in economic development: evidence from aggregate cross-country data[J]. Journal of Monetary Economics, 34(2): 143-173.

CUNHA F, HECKMAN J J, 2007. ldentifying and estimating the distributions of ex post and ex ante returns to schooling [J]. Labour Economics, 14(6): 0-893.

KNUDSON W, 2004. WYSOCKI A, CHAMPAGNE J, et al, 2004. Entrepreneurship and innovation in the agri-food system[J]. American Journal of Agriculture Economics, 86(5): 1330-1336.